ドイツ流 暮らし上手になる習慣

世界一無駄のない国に学ぶ

沖　幸子

知恵の森文庫

光文社

この作品は知恵の森文庫のために書下ろされました。

（プロローグ）

ドイツ暮らしの想い出

私は、自分の家が〝いつも住み心地が一番〟の場所にしたいと考えています。

そのためには、毎日の暮らしの秩序が保たれていること。

部屋がきちんと整理され、いつも掃除が行き届いていること。

もちろん、たまには部屋中が散らかって汚れることもあります。

でも、すべてのものに定位置があり、ものの種類と量が決まっていればその場所に戻すのはカンタン。

ゆったりとゆっくり落ち着いて、もとある部屋に戻すことができます。部屋同様、物事が整理整頓されていると、人生の困難も落ち着いて克服できるような気がします。

仕事に明け暮れする私の家事はパーフェクトではありません。基本的には家中の家事・管理は私が受け持っていますが、たまには人の手も借ります。

そんなとき、いつも思い出すのはドイツで出会ったグルッペ夫人の「自分でできなければ他人の手を借りなさい」の言葉です。

ドイツには「多くの手があれば、仕事を早く済ませることができる」という諺《ことわざ》もあります。多くの手とは、他人の手、道具の手、そして上手な知恵や方法も含まれています。

知り合った多くのドイツ人に、家事を上手にこなす知恵や方法を学びました。

家事を明るく快適にこなせば、心も身体も楽しく快適になることも。私にとっては目からうろこの〝家事再発見〟でした。

今ここに、私のドイツ暮らしの悪戦苦闘をつづった古い日記ノートがあります。久しぶりに読み進むうちに、その中のある日の〝事件〟をぜひご紹介したくなりました。

『今日も朝から曇り空。太陽が少し顔を出したと思うと雨がパラつく。みんなが言うように、ハンブルクの天気は「猫の目のように変わる」。ブザーが鳴ったので出てみると、エリカの娘のインガちゃん。同じ年恰好の少女と立っている。

「こんにちは。こちらはクラスメートのユリア」

インガちゃんは十二歳。ギムナジウムの前期に通っている。

ドイツの教育制度は基礎学校と呼ばれるのが小学四年生まで。後はその子の能力、適性、希望に従って三つのコースに分かれる。

六年制のレアールシューレ（実践学校）、五年制のハウプトシューレ（一般職業学校）。そしてインガが通う九年制のギムナジウム。アビトア（卒業資格）を取れば大学に進学できる。

「私は掃除も子守も料理も出来ます。それからケーキ作りも得意です」だから、アルバイトを探しているという売り込みなのだ。

十二歳にしては論理明快な自己主張と売り込みの上手さにビックリ。

でも、残念ながら、急な話なので「今すぐにはないけれど、何かあれば必ず連絡をするから」と伝える。

インガちゃんの母親に電話で伝えると、「だから、アパートの階段の掃除をサボり始めたのね！」と怒っている。

十歳から始めた「一回四百円程度のアルバイト料に不満を持ち始めた」というのが彼女の結論。

「とりあえず、今のアルバイトをどうするのか。じっくりと娘と話してみるから。むやみにバイトを与えないでね」

私も一緒に叱られているような錯覚に陥るほど激しい口調。

かわいいわが子でもいい加減なことは許さない徹底した子育ての姿勢には、感心する。家事も子育ても何事もきちんと追求するのがドイツ流なのだ。彼女の整理整頓された部屋を思い出しながら考える』

この後、この少女は、母親の言うとおり、アパートの階段の掃除をあと一年やることになりました。いったん引き受けたものは最後まで責任を果たしなさい、とエリカは「子供の言いなりにはならない」毅然とした態度を最後まで貫いたのです。

「整理整頓を一番」に考えるドイツ人は、子供の教育にも筋を通します。たかが掃除のアルバイトではなく、そこから学ぶことは学校で学ぶこと以上の経験になると考えているのです。

私のドイツ暮らしの想い出の中で、ドイツ人の快適な住まいづくりのエネルギーと子供の教育は印象深く残っています。

整理整頓された清潔な暮らしを維持するための合理的な家事のやり方は、家族や子供が安心して暮らせる環境づくりのために生まれたものかもしれません。

目次

3章・・・・・OMAS TIPS　ドイツのおばあちゃんの知恵……117

4章 衣類が長持ちする習慣……149

1章

ようこそ、我が家へ

1　外観の美しさにこだわる

◆ドイツ人の理想の家

ドイツの友人たちに「どんな家に住みたい？」と聞くと、次のような答えが返ってきます。

①天井の高いアパートか一戸建て

その理由は、天井が高いと、どんな狭い部屋も広く見えるから。それに開放感があります。

②古い家に住みたい

友人・バーバラのフラットは、築百年以上経った古い石造り。古いほうが高級感があるのです。

③床が木であること

カーペットを敷き込むより、磨き込んだ床のほうが見た目もシンプルで健康的なのです。温かい雰囲気を出すために、部分的に高級なアンティークのじゅうたんを敷くのです。

◆「こぎれいな住まいは、人をあらわす」

私の住まいづくりの原点は、ドイツでの生活。

ドイツでは、「こぎれいな住まいは、人をあらわす」とも言われます。

散歩の好きなドイツ人は、歩きながらよその家のたたずまいを観察しています。いったいこの家はどんな人が住んでいるのかしら。歩きながら誰もが自然にそう思うような住まい方、暮らし方。

家や窓辺、ガーデン、そしてバルコニーにいたるまで、他人の厳しい目にさらされていることを意識して生活しているのがドイツ人なのです。

ドイツでの暮らしの中で得た、私の「こぎれいで魅力的な」住まい方、暮らし方への熱い想いは、帰国して数十年経った今でも消えることがありません。どんな場所、家に住んでも永遠の私のテーマなのです。

◆他人の目でチェック

家も人間同様、他人の目でチェックしないと美しくなれません。

私は、どんなに忙しくても、一日二回、外出時と帰宅時に家の外回りをチェックします。

家の周りのゴミ、門扉、門灯、ドア、植木鉢の植物など。草花が枯れていないか、汚れていないかなど、〝他人の目〟でチェックするのです。

マンションやアパートでも、道から自分の部屋を眺める習慣を持ちましょう。

手入れの行き届いた玄関まわりや窓辺は、持ち主の気持ちだけでなく他人の気持ちまで和ませてくれます。

◆窓辺の植物

ドイツ人の花好きは、ヨーロッパではデンマークと一、二を争うほどだといわれます。

夏のドイツを旅行すると、どんな田舎でも、家々の窓辺には色とりどり（特に赤）の花や緑の観葉植物の鉢植えが飾られているのが目に入ります。

透明ガラスの窓には真っ白なレースのカーテン。そのレースのカーテンのすき間から、外を歩く人からも家の中からも色とりどりの花や植物が見えるように工夫がされています。

花好きのドイツ人の家庭の花代は、一カ月約六千円くらいといわれています。

◆赤いゼラニューム

ドイツはサハリン（樺太）と緯度が同じぐらいの北側に位置するので、寒さに強い赤いゼラニュームが多く見られます。

時々、株分けと水やりをするだけで充分なので手間がかかりません。強烈な赤とグリーンの茎や葉は見事なコントラストを演じてくれます。

窓辺の花としては、とても美しく見栄えがします。

◆窓辺の明かりをつける時間

ドイツの夏は、夜八時ごろになってやっと暗くなり始めます。冬は逆に、夕方四時ごろには暗くなってしまうのです。

ドイツの住宅街を散歩すると、夕方、太陽が沈んで、あたりも家の中もうす

ドイツ人が好きな花、ゼラニューム。手入れが簡単なので我が家の庭先にも鉢植えにして置いています。新緑の季節を迎えるともっとたくさん咲き乱れます。

暗いのに、まだ明かりがついていないことがよくあります。

でも、家の中には人の気配が感じられるのに。

ドイツでの暮らしに慣れてくるにつれこの謎が解けました。

ドイツ人は、暗くても夕方の四時や五時では明かりはつけない。暮らしにはしっかりと省エネルギーの心得が刻み込まれているのです。暗くなったからといって、すぐスウィッチを押すことはしないのです。これまで、すぐ明かりのスウィッチを押していた私は、心から反省しました。


ドイツ人の先祖のゲルマン民族は、もともと暗い森で生活をしていた狩猟民族。つねに敵や獣に襲われる危険にさらされていたので、小さなほの暗いランプでの生活を強いられ、暗い部屋には慣れているのかも知れません。

小さな焚き火の明かりと暖かさを見つめながら、暗くて寒くて長い夜を過ごしていたのでしょう。

焚き火を囲んで夜を過ごすゲルマン民族の習慣は、やがてテーブルの上のろうそくの炎やランプの明かり、そして暖炉へと変わっていったのです。

これこそGemütlichkeit《ゲミユートリツヒカイト》（居心地のよいこと）の世界なのです。

◆ピカピカの窓ガラス

私はハウスクリーニングサービスの会社を経営しています。

そのきっかけになったのが、ドイツのプロの窓ガラス磨きのおじさん、Fensterputzer《フエンスタープツツアー》との出会い。

ドイツに住んでいたころ、窓ガラスを磨く時間もその気もない毎日を送っていた私に、ある日突然、隣の大家さんが「窓ガラスが汚い」と文句を言いに来たのです。

「自分でできないなら、人の手を借りなさい」と、紹介してくれたのがプロの窓ガラス磨きのおじさんだったのです。「窓は心の窓」なので、きれいに磨いておかないと「住環境が悪くなる」と、彼女。

やがて、プロのおじさんが月に二回、我が家の窓を磨いてくれるようになり、窓も私の心も晴れ晴れと気持ちがよくなりました。

帰国して、掃除会社を始めた私は、窓磨きのサービスがあることを教えてくれた大家さんの名前を取って、「フラオ　グルッペ（＝グルッペ夫人）」と会社の名前をつけたのです。

2 ドイツの美しい玄関に憧れて

◆玄関ホール

ドイツの玄関ホールは、部屋と一体感があり、広さもいろいろ。お客様を迎える大切な場所であることは日本も同じです。

ドイツの玄関は、どの家も掃除が行き届いて、無駄のないすっきりした空間でした。カバー写真にある我が家の玄関は、そんなドイツの玄関に日本の昔の土間的空間を見習ってつくりました。

たたきの汚れは土埃や泥が中心ですが、掃除方法は建材によって違います。コンクリートの場合は、デッキブラシでゴシゴシ水洗いした後、水気を取り、風通しをよくして乾燥させます。水を流せない場合は、濡れた新聞紙をちぎって掃くだけでもホコリが舞わずラクに掃除ができます。また、石材の場合は①ベーキングパウダー（重曹）に水を加えペースト状に練ったものを塗り② 30 分ほどしてぬるま湯で絞った布で拭き取り③仕上げにウールの布（古いマフラーなど）で磨くとピカピカに。

○**大きな鏡**

玄関ホールには必ず大きな鏡があり、「あなたの身だしなみは大丈夫?」とその家の主人はもちろん、ゲストにも問いかけてくれます。

○**鏡のくもり**

ドイツのアンティークショップで手に入れた我が家の古い鏡がくもってきました。こんなとき、ドイツ人はどうするのでしょうか。

鏡のくもりは、ぬるま湯にシャンプーを溶かしたもので固く絞った布で拭きます。

または、生のじゃがいもを半分に切った切り口で鏡をこすります。後はきれいな水で絞ったタオルか布で拭き、仕上げはから拭きを。

○**取れない鏡のくもり**

古い鏡は、すでに長時間木の板に張り付いているので、自然にくもってくるのです。そういう古い鏡のくもりは、鏡の中の汚れが原因なので、残念ながら掃除をしても取れない汚れです。

✦ 玄関と靴の関係

ドイツでは、基本的には部屋の中でも靴を履いたまま過ごしますので、玄関で靴を脱ぐ習慣はありません。

ドアの前で、マットにしっかりと靴底をこすりつけ、泥を部屋に持ち込まないことはエチケットです。

私は子供のころから、靴は必ずそろえて脱ぐこと、と厳しくしつけられました。昔から、靴を脱ぎ散らかした玄関のたたきは、だらしなく見えるので泥棒に入られやすい、といわれます。

玄関をきれいに整理整頓することが大切なのは、国境がありませんね。

鏡はシャンプーを溶かしたぬるま湯で固く絞ったタオルか、じゃがいもの切り口を鏡にこすりつけた後、水で固く絞ったタオルで拭いたあと、から拭きします。ピカピカの鏡は気持ちいいものです。

3 「靴を見て、その人の品定めをする」

◆ドイツ人と靴

ドイツ人は、「靴を見て、その人の品定めをする」といわれます。つまり、靴を見ればその人の暮らしぶりがわかるというわけです。

また「薬局へ行くより靴屋へ行きなさい」といわれるほど、足に合った靴は、健康生活に欠かせないと、昔からいわれています。

だからでしょうか、ドイツ人は靴をとても大切に扱うのです。

オーズラ夫妻も、近所の散歩に出かけるときもいつもピカピカの革靴を誇らしげに履いていました。教養あるドイツ人は靴を大切にする、といわんばかりに。

革靴は、服装同様、華美でなくても質の良いものを選んで手入れを充分にしながら長く使い続けるのです。

ドイツでは、ケアが行き届いた靴を履くことは、その人の質を表すことにもなるのです。また、靴を長持ちさせるためには、充分な手入れが必要です。

◆靴の収納は、定番、定量、定位置

靴のメーカーを決めておけば（定番）、自分の足にピッタリの靴を探すのに余分な労力が要りません。

「革靴は上等なものが三足あれば充分」、といいますが、自分のライフスタイルに合わせた定量を決めておけば余分な靴が増えなくてすみます。ドイツ人は、一足購入したら、一足処分して、定量を維持するのが基本なのです。

また、靴は湿気を取り、ブラッシングをしてから、靴箱やシューズロッカー（定位置）にしまいます。

靴の手入れ

履く前、履いた後のブラッシングは大切。

しまうときは、型崩れを防ぐためにシューズキーパーを使います。

磨き方は、革の種類によってさまざまです。長く履くための手入れ方法を種類別にご紹介します。

○革靴

まず、布を少し湿らせてホコリを払います。次に、乾いた布で拭いてから、靴クリームを薄くのばし、やわらかいブラシで払うように磨きます。仕上げは、やわらかい布で丁寧に拭き上げます。

○バックスキンの靴

ブラッシングをしてホコリを充分に落として、毛並みをそろえます。

○合成皮革の靴

合成皮革の靴は、ガラスクリーナーで磨きます。

少量のワセリンで磨くとツヤが出ます。

○ぬれた長靴

早く乾かすには、ヘヤードライヤーを冷風にして乾かします。

○ぬれた革靴

椅子の脚の横木にかかとを引っ掛けて干します。

私は、自転車のハンドルにかかとを下にしてかけておきます。

ぬれた革靴は、乾かないうちに革用のクリーナーをよくすり込んでおくと、かたくなるのを防げます。もちろん、直射日光を避けて乾かします。

○雪にぬれた革のブーツ

北国ドイツで、寒さと湿気から足をしっかり守るため、私は厚手の革のブーツを何足か手に入れました。

雪が降り積もった道をゆっくりと転ばないように歩けるようになるには時間がかかりました。帰宅して、ぬれたブーツを乾かすと、雪のシミが出てくるので、油断大敵、手入れが大変です。雪は革靴の大敵なのです。

雪のシミは、塩分や大気中の汚れが混じっています。

雪の日に出かけるときは防水スプレーをかけておきます。月に一度くらいがベスト。

○雪にぬれた表革の靴

乾いてから、靴クリームを使って、靴を磨き上げます

○バックスキンの靴

帰宅後、すぐにぬれた靴に新聞紙を詰めて自然乾燥させます。目の粗いバックスキン用のブラシをかけて表面を整えます。

○ズックの靴

白いテニスシューズは、新しいうちに糊づけスプレーをかけておけば、いつまでも丈夫できれいを保てます。

○革靴を長持ちさせる

革靴は同じものを続けて履かないこと。

一晩は寝かせて汗などの水分を充分に乾かしてからしまうこと。

靴を長持ちさせるためには大切です。

写真はドイツで買った靴べらと靴べら入れ＆靴ブラシ。ドイツは室内でも靴を履いて過ごすため、玄関前に土払い用のマットを置いて、玄関の清潔を保ちます。日本は、玄関をすっきり見せるために、その日に履く靴、または履いていた靴以外は下駄箱へ収納する習慣を。それだけで玄関はすっきりします。

4 Gemütlichkeit《ゲミユートリッヒカイト》（居心地のよい）のリビングとは

✦ Gemütlichkeit《ゲミユートリッヒカイト》の世界へようこそ

ドイツ人の好きな言葉にGemütlichkeit《ゲミユートリッヒカイト》があります。

日本語に訳すと「居心地のよいこと」。

でも、これにはもっと説明を加えたくなるほど深い意味合いの言葉なのです。

ドイツ人の好きなゲミユートリッヒカイトの世界。それには暮らしの環境も大切なのです。

掃除の行き届いた清潔な部屋、何もかもが整理整頓され、新鮮な空気が漂います。心温まるランプの明かりが窓辺やテーブルを照らし、部屋の中央のコーヒーテーブルにはろうそくの炎がゆったりと揺れている。

使い込んだ木製の家具に囲まれて、暖炉の中のパチパチと静かに燃える暖かい炎を身体で感じながら、ワインやコーヒーを飲む。

足元に愛犬が寝そべっていればパーフェクトです。

ドイツ人の考える良質で豊かな生活とは、このような素朴なよい環境で静かな時が過ごせることなのです。

では、これから、その Gemütlichkeit《ゲミユートリッツヒカイト》の世界へご案内しましょう。

◆ランプの明かり

ドイツ人の心地よい暮らしを演出するには、ランプとろうそくは欠かせません。ドイツ人同様、私もランプやろうそくの明かりにすっかり魅せられてしまいました。

冬が長い北国ドイツ、そのまた北のハンブルク。私は慣れない異国の生活の疲れを癒すため、よく散歩をしました。

ドイツ人の好きなゲミュートリッヒカイト(＝居心地のよいこと)の世界。
人をおもてなしするときは、昼間でもろうそくに火を灯します。

特に冬場の散歩が好きでした。凍てつく道を転ばないよう、ロングコートやマフラー、ブーツで完全武装し、暗くなった家々を眺めながら歩く〝ハウス・ウオッチング〟。

厳しい寒さの中に点在する家々、その窓辺からもれるランプの明かり。そのオレンジ色の光が、冷え切った異邦人の心をやさしく温かく包んでくれたのです。小さなランプの光がもたらす影は、心が癒されるヒーリング効果もあるようです。

帰国して、我が部屋は、まぶしいほど明るい蛍光灯の照明から、ぼんやり明かりが広がるランプの明かりに替えました。そして、白い蛍光灯は隅々までモノがよく見え、安全に仕事がはかどる作業室や、物入れだけにしました。

窓辺や壁の隅の小さなテーブルにランプを置くと、部屋が広く見えます。落ち着いたオレンジ色のほのかなランプの色は、心が穏やかに落ち着くのです。ランプの明かりは、心が落ち着き、人の顔も美しく映えます。

リビングや寝室などのランプの光は、気持ちが穏やかになり、疲れも癒されます。まさにランプのヒーリング効果です。

◆ろうそくの炎

午後のコーヒータイムにも夜のワインタイムにも、ドイツ人にとっては、ろうそくの明かりはなくてはならない必須アイテム。

どこのお宅に招かれても必ず、コーヒーテーブルには一対のろうそくの明かり。まるでメルヘンの世界に招き入れられたようでした。

ゆらゆらと淡い光を眺めながら過ごすひと時は、Gemütlichkeit《ゲミユートリツヒカイト》（居心地のよい）な気分です。

✦ 飾りろうそく

ドイツ人は、よく飾り用のろうそくを買ったり、プレゼントしたりします。我が家にも友人たちからいただいた数年前の飾りろうそくが何本かあります。飾りろうそくは、部屋を照らすよりもインテリアとして楽しむものなのです。飾りの部分にホコリや汚れがたまるのでお手入れも必要。

○汚れ対策

ろうそくを冷水シャワーで洗います。後は自然乾燥します。

○ホコリの取り方

飾りについたホコリは、使い古しの化粧ブラシで払います。細かい溝のホコリも取れます。

写真は友人からいただいた飾りろうそくです。その大きさにびっくりする方もいらっしゃいます。クリスマスシーズンも含めて、ろうそくはドイツ人にとっては必需品。大小さまざまのろうそくが楽しみめます。

◆心地よい部屋の条件

私はドイツ暮らしの後、すべてがそこそこ整理整頓されている部屋こそ心地よい空間だと思えるようになりました。

整理整頓された暮らし方は生き方につながる。その積み重ねは毎日の生活に余裕が生まれ、心身ともにゆったりと豊かな人生が送れることを学んだのです。

◆リビングの定位置、定番、定量

ドイツでも、いつもきれいな家は存在しません。

食事をすればテーブルは汚れますし、バスルームを使えば水滴や石けんカスがつきます。パーティの後や家族が多いと部屋が汚れたり乱れたりします。

でも、定位置、定番、定量を守っていれば、少しの手間でいつもきれいな部屋を保つことができるのです。

定位置＝モノの住所と考えてみませんか。モノにはすべて、部屋の中に住所があるのです。モノを片づけるとき、そのモノの住所（定位置）はどこだったかな、と思い出せばいいのです。モノを使えばもとに戻し、汚れればすぐきれいに掃除をする。

秩序ある暮らしをしていれば、部屋がうんざりするほど手遅れになるまで散らかったり汚れたりしないものです。

その日のうちに、汚れも乱れも解決してしまうからです。

○「定位置」＝家具や置物の定位置を決めます

使ったら必ずもとの位置に戻すことを手が覚えるのです。

モノの定位置を決めれば、どこにどれがどれだけあるかがわかり、心も落ち着きます。探し物をする時間がなくなり、見つからないイライラが消えるからです。

ドイツの友人たちは、クリスマスグッズやイースターグッズなどの季節の置物やナプキン、テーブルマットなどは、しまうところを決めています。

○「定番」＝家具は素材を統一する

家具などはテーマを決めて素材を統一すると部屋が落ち着いて見えます。

たとえば、色はダークブラウン系、素材はマホガニーやヌス（くるみ）の木でそろえる。

デザインはイタリア風かイギリス風か、またはアジア風かなど。決めておけば、納得のいくものが見つかるまで無駄なものを買わなくてすみます。

これこそドイツ流です。

○「定量」＝スペースに合わせる

自分の身の丈に合った生活をするのがドイツ人。

部屋の容量も決まっているので、スペースに物の数を合わせるのです。

椅子もスプーンも必要な数を決め、一個ずつからそろえていくのです。

テーブルクロスやナプキン入れにしている引き出しです。７割収納にすれば、ひと目で使いたいナプキンがわかって便利です。普段はドイツ風に糊を効かせた白いナプキンを使っています。ちなみに手前のサンタクロースの赤いナプキンは私の手作りです。

◆家具選び

ドイツで学んだ家具選びのコツは、決して衝動買いしないこと。

今、持っている家具とどう調和させるか、部屋に合うかどうかなどをよく考えて買うことが大切です。

テーブルと椅子は別々に選ぶこと。特に、椅子は自分が気に入ったものを選んで使うことです。時間をかけてひとつずつ家具を丁寧にそろえていくことは、自分の暮らしのセンスも磨くことなのです。

◆家具の手入れ

気に入った家具をエネルギーを使って購入するドイツ人。手入れをして大切に使います。ふだんは、ホコリを払うだけですが、月に一、二度、あるいはホームパーティの前に中性洗剤で固く絞った布で拭きます。あとはから拭きをして仕上げます。

では、素材ごとにインテリアのお手入れ方法を紹介しましょう。

○マホガニー、パイン、ヌス（くるみ）材の家具（Oma《オーマ》の知恵はP134参照）

ホコリを払った後、ぬるま湯で固く絞った布で拭きます。

○籐製（ラタン）家具

やわらかい洋服ブラシで、ホコリを払うようにブラッシングします。

○革製のソファ（Oma《オーマ》の知恵はP134参照）

使い込んだ革製品は、ドイツ人好みです。古い革製のソファはアンティークショップでも驚くほどの値がついています。

食器用洗剤液を入れたぬるま湯で固く絞った布で拭きます。

乾いたら、ハンドクリームを薄くつけた布で磨きます。

仕上げはウール100%の古いセーターでソファの表面にツヤが出るまで磨

いつの間にか 20 年以上経ってしまったパイン素材のテーブルは、我が家のリビングで使っています。最初、パイン材は白いのですが、使用しているうちに写真のように色に深みが出て、光沢も増してきます。長く使ってこそ風格を増すパイン材の色の変化をドイツ人は楽しみます。普段はやわらかい布やタオルでホコリを払うように拭きます。

革製のソファも手入れをこまめにすれば、長く使うほど革に深みとツヤが増してきます。普段は乾いたタオルでホコリを払う程度でOKです。縫い目の溝の汚れは、固く絞った薄手のタオルを割り箸に巻きつけて取ります。

きます。

○布製ソファ

たたきだすようにホコリを払います。

掃除機をかけた後、シャンプーを薄めた液で固く絞った布で拭きます。

窓を開け、風通しをよくして乾かします。

◆部屋に風を通す＝frische《フリッシュ》 Luft《ルフト》（新鮮な空気）

ドイツ人は部屋のLuft《ルフト》（空気）を神経質なくらい気にします。

冬の寒い日、外はMinus（マイナス）なのに、必ず一度は窓を開けて空気を入れ替えるのです。部屋のにおいや人の息は神経質なくらい気にします。

部屋の空気が汚れると、汚れが汚れを呼んで部屋も家具も汚くなるのです。

汚れた空気の中にいると気分も悪くなりますし、やる気もなくなり、身体によくないのです。

森の新鮮な空気が大好きなドイツ人にとって、汚れた空気はガマンできない〝汚れ〟なのです。

私も毎朝、起きたらすぐ窓を開けて、深呼吸をするのが日課。

天気ならドアも窓も全開、雨の日でも少し開けて部屋の空気を入れ替えます。

風が通る部屋は気持ちがいいし、いやなにおいも汚れも少なくなるように思います。

◆部屋の新鮮な空気と観葉植物

植物は、部屋の空気をフレッシュに保つ役目を果たしてくれます。

テレビやオーディオ、パソコンなどのそばには必ず観葉植物を置くと、気分が爽快です。

ドイツ人は、シダ類やアマリリスなどは空気中の有害物質を取り除いて、部屋のLuft《ルフト》（空気）をきれいにしてくれるといいます。

◆部屋の香り

隣人のオーズラ夫人のルームコロンはラベンダー。「疲れた心を癒してくれ、気分がゆったりする」と、彼女のお気に入りの香りでした。

午後のひと時、彼女の部屋でゆらゆらしたろうそくの炎を見ながらラベンダーの香りが漂うコーヒータイムは、言葉では言い表せないくらい幸せな気分。彼女の好きなGemütlichkeit《ゲミユートリツヒカイト》（居心地のよい）の世界なのです。

○部屋のにおいの消し方（Oma《オーマ》の知恵はP126参照）

ドイツ人の家ではほとんどにおいがありません。

ニンニクなどのにおいのきつい香辛料を料理に使わない、窓をよく開けて換気を心がける、水回りのにおいに気をつけるなどでしょうか。

においはもとからなくすことが大切です。そのためには、掃除を徹底的にす

においを消しは、基本的には換気がいちばんですが、たまにはほのかな香りを楽しむのもいいものです。私はユリの香りが好きで、時々利用して気分をリフレッシュしています。

ることが第一です。汚れはにおいのもとだからです。

そして、ランプシェードなど熱を持つ場所にお気に入りのオーデコロンを少量つけます。ランプのぬくもりで、オーデコロンの香りが部屋中に広がります。

2章

暮らし上手になる

1 Geizig《ガイツィヒ》（ケチな）とSparen《シュパーレン》（節約する）の違い

◆世界一の暮らしの知恵が生まれる国

古いドイツ婦人は、「針に通す糸を長くする娘は、やりくり下手」と、顔をしかめます。つまり、毎日の細かいことを、きちんと、丁寧に、無駄なく行える生活を身につけることが、家庭管理にはとても大切なこと、というわけです。

ドイツ人の友人たちに言わせると、「思慮分別なしに出し惜しみするのはケチ」で、「生活の無駄を省いて健全で合理的な生活をするのが節約」。

こんな考えの中から、世界一の暮らしの知恵の数々が生まれたのかもしれません。多くの人々が、環境のことを考え、さまざまな知恵や工夫を出しながら、自分たちの豊かな暮らしを演出しているのです。

そこで、さまざまな毎日の生活場面の上手な暮らし方、私が感心し、手本にしたくなるものを集めてみました。

◆「節約は収入と同じくらい大切」

「節約は収入と同じくらい大切」というドイツの諺にあるとおり、ドイツ人にとって〝節約〟は賢い暮らし方の基本です。

北国のドイツでは、冬の暖房費がかさみます。

でも、家の中は暖かくして快適に暮らしたい、とドイツ人は考えますので、ヒーターを使わないのではなく、温度調節作戦を取るわけです。

寒いのでヒーターをつけっぱなしに暮らしていた私は、ハイツンクといわれるオイルヒーターの月末の電気代とオイル代の請求書のあまりの高さにビックリ。

でも、寒さを我慢するよりも、部屋ではブラウス一枚で過ごせる快適さを選ぶドイツ人は、無駄な電気代を使わない努力をし、上手に節約しているのです。

光熱費の節約アイデア

暖房費の節約・温度調節

①買い物などの短時間の外出
②旅に出るような長期の外出
③朝昼晩
④部屋別

それぞれの家庭に合った適正温度設定に余念がありません。寝室は18度、居間は15～18度、キッチンは少し低めなどが平均的な適温のようです。

テレビ視聴時間のコントロール

○収納家具へ納める

テレビはそのまま置かず、扉付きの木製ユニット式家具の中に入れて隠す収納。こうすれば、目障りな機械が隠れて部屋の居心地よさが保てる上に、扉の開閉が面倒なのでテレビを観る回数が減ります。

ドイツでも、子供にとってテレビの観すぎはよくないと考えるのです。まさに一石二鳥で、結果的に電気代の節約にもつながるわけです。

水道代の節約

○シャワーを活用して水道代や光熱費をコントロールする

毎日バスタブ入浴では、水道代もガス代も大変なので、多い人はシャワーだけで済ませることが多い。

○水・三分の一　対　湯・三分の二

バスタブにお湯を入れる場合、まず水を三分の一入れ、その後、お湯を足します。長時間ボイラーをたく場合の電気代やガス代の無駄が省けるし、バスルームに湯気が立ち込めないので、カビ対策にもなります。

上手な買い物作戦

「節約」の精神は「ケチ」ではない

ドイツ人の節約の精神は、何度も言いますが、ガマンすることではありません。節約とは、モノを大切にすることが基本のキホンなのです。

必要なものは買いますが、その買い方は合理的。必要でないものは徹底的に買わないのです。

モノを買うときは、自分の今の生活に合っているかどうか、役に立つか、必

上段／美しく整然と並べられている野菜売場（左）と果物売場（右）。自分の好きな数だけ買えます。中段／ソーセージ売場（左）とバナナ売場（右）。バナナは房ごとに吊るされています（上、中段ともベルリンのデパート・ガーテーベーにて）。下段／ハンブルクにあるスタンド形式のソーセージ屋さん（左）。ハンブルクの老舗デパート・アルスターハウスの前にて（右）

要なのかどうかなど、かなりのエネルギーをかけるのが当たり前なのです。

ドイツの電車やバスの中では、日本のように派手な広告は見かけません。派手な広告をしている商品は、それだけ宣伝にお金をかけているので、モノの値段がそれだけ高くなるのではないかと、ドイツ人は考えてしまうので、効果があまりないと企業も知っているからでしょう。

ドイツ人は、派手な広告やネオンサイン、TVコマーシャルに惑わされません。

閉店時間の早いドイツ

平日は午後六時半、土曜日は午後二時で閉まり、日曜日は休みのお店が多いドイツ。最初はとても不便を感じ戸惑った私ですが、やがてそれは買い物にメリハリができ、無駄な買い物をする機会が少なくなるのに役立ちました。

今では、毎年訪れるドイツでは、日曜日はゆっくりと散歩や美術館めぐりにあてることにしています。「郷に入れば、郷に従え」ですから。

まさに、時間とお金の有効利用です。

○買い物には必ずメモを持ち歩く

うっかり買い忘れなどすることはありませんか。その点、買い出しの物をリストアップして出かければ、買い忘れもしないいし、効率よく回れます。

○衝動買いは絶対にしない

ドイツ人は、一つ一つじっくりとよく考えて購入します。

○野菜や果物は、形や色より無農薬や低農薬のものを選ぶ

健康に敏感なドイツ人は、見た目よりも食材そのものにこだわります。

○過剰包装でないものを選ぶ

手にとって鮮度を確かめられますし、家に包装パックなどのゴミを持ち込まなくてもすみます。

○まとめ買いをする

仕事を持つ女性が多いドイツでは、仕事の帰りに買い物をすることは、夕方のラッシュにレジに並ぶストレスを増やすといいます。だから、一週間の献立を考え、週末にまとめ買いをして、無駄がなく合理的な生活を心がけています。

○空腹時にはスーパーやデパートに行かない

お腹がすいていると、見るものみんな欲しくなってしまうものです。出かける前に「コーヒーと一枚のクッキー」はドイツのOma《オーマ》（おばあちゃん）の知恵。

○念入りなウィンドウショッピング

日ごろからウィンドウショッピングを心がけ、念入りに品定めをします。

◆楽しい都会のパサージュ(ショッピングアーケード)

最近のドイツの都市では、雨や雪の日でも買い物が自由に楽しめるようにと、建物の脇や間の通りと通りを結んでショッピングアーケードが造られています。ドイツ第二の都市ハンブルクのパサージュはヨーロッパでも有名で大規模です。

私は、毎年わずかな時間をハンブルクで過ごしますが、必ずパサージュをゆっくり歩きながら、ウィンドウショッピングをするのを楽しみにしています。疲れたら、お気に入りのカフェでコーヒーを飲みながらゆったりした時の流れをドイツ式に過ごす。特に水辺に作られたパサージュはハンブルクならでは。時を忘れて、このままいつまでも居たくなる私の大好きな場所のひとつです。

2 心地よいシンプル・ライフ

✦プレゼント好きなドイツ人

「節約」が身についているドイツ人ですが、意外と贈り物好きです。

ただし、日本のようにお金をかける豪華なものではなく、花やチョコレート、そしてちょっとした小物です。クリスマス、誕生日、ホームパーティや何かの記念日など。ドイツの子供たちは、12月6日の聖ニコラウスの日と12月25日のクリスマスの二度のお楽しみがあるのです。

ホームパーティに呼ばれたら、必ず登場するのがお花。カンタンなブーケは、マルクト（青空市場）にも街の花屋さんにも駅のキオスクにも売っているので、急なお呼ばれにとても便利です。

◆ドイツで生まれたテディ・ベア

ドイツ人は、子供も大人もクマのぬいぐるみが大好き。

もちろん、プレゼントにもよく登場するアイテム。いただいたプレゼントに、小さなかわいいクマのぬいぐるみがついていたこともあります。

私がテディ・ベアを集めだしたのも実はドイツ暮らしがきっかけ。隣人のオーズラ夫人に「クマは生きるパワーがあるから元気が出るわよ」と、小指ほど小さなクマのぬいぐるみをプレゼントされたことが始まりです。

やがて、かわいいテディ・ベアの生まれがドイツだと知り、小さなクマのぬいぐるみからテディ・ベアへと興味が移っていったのです。今は、収納場所や飾る場所がなくなったので、コレクションはお休み。

テディ・ベアと呼ばれるクマのぬいぐるみは生まれて百年の歴史。ドイツのシュタイフさんという女性が、生活のため、手仕事のぬいぐるみ作りを考えだしたのが始まりです。

MADE IN INDONESIA
Harrods
Harrods

ドイツ生まれのテディ・ベア。
いつの間にか、我が家にもたくさん集まってしまいました。

昨夏、ハンブルクであまりにもかわいいクマのぬいぐるみに出会ったので、思わず〝二頭〟も買ってしまいました。

シュタイフ社製の上等な〝テディ・ベア〟ではありませんが、小さくてキュートなクマさんは、ひとつは我が家を手伝ってくれるNさんに、ひとつは私のダイニングの横の小さな机にちょこんと座っています。

どんなに忙しい毎日を送っていても、はるばるドイツから来た小さなクマさんの顔を見ると、なぜか元気が出てくるような。無印のクマのぬいぐるみは、ブランドではシュタイフさんのテディ・ベアには負けますが、高品質、丈夫でしっかりと作られています。ちなみにお値段は、コーヒー一杯分くらい！

○ぬいぐるみの手入れ

洗えないものは、ぬいぐるみの三倍くらいの大きさのポリ袋に塩（100cc）を入れた中で5分くらい振ります。ポリ袋は輪ゴムでしっかりとくくってから。

塩がぬいぐるみの汚れを吸い取ってくれます。いやなにおいもなくなり、衛生的です。

◆Kaffee《カフェ》（コーヒー）好きなドイツ人

ドイツといえば、「ビール」。ほとんどの日本人がイメージします。でも、ドイツでよく飲まれる飲み物はコーヒーです。いつでもどこでも、「コーヒーいかが」。ドイツ人はBier（ビール）よりもKaffee《カフェ》（コーヒー）を飲むのです。

雪がちらつく寒い冬の日、田舎町を旅したことがあります。凍てつく寒さの通りにはだれもいないのに、暖を取りに入った小さなカフェには人が溢れ、湯気に包まれたコーヒーを飲んでいたのを見て驚いたことがあります。

コーヒー好きのドイツ人の朝食はコーヒーとパン。午前十時ごろ、そして午後にもKaffeeタイムがあります。買ってきたり自分で焼いたケーキでコーヒータイムを楽しむのです。

同じアパートのオーズラ夫人には、よく「コーヒーを飲みませんか」と誘われました。あるときは自宅に、天気のいい夏の晴れた日には郊外の素敵なカフェテラスへの誘いを受けました。

「昔は手作りのケーキをよく焼いたけれど、今は少しずつ買ったほうが、いろいろなものが食べられて楽しくなる」と、オーズラ夫人は、自宅でのコーヒータイムには、私のために数種類の色とりどりのケーキを買いそろえてくれました。

ドイツのケーキは甘さもまあまあ。赤いチェリーやラズベリーなどの木の実がふんだんにのった色鮮やかなものから、シンプルなアップルクーヘンやバウムクーヘンなどいろいろ豊富にあります。

自分で焼く時間がない人のためや、気分を変えて外でコーヒータイムを楽しみたい人のために、街角にはKonditorei《コンディトライ》（ケーキ屋さん）があります。

天気のいい日はオープンカフェテラスの椅子に腰掛けて、寒い雪や雨の日には窓辺から、街行く人々の服装を眺めながら何時間でも過ごす人々も多いのです。

ロイヤル ドルトンのコーヒーカップセットです。イギリスに住んでいた頃購入した物なので 20 年以上経ちます。手入れのポイントは金箔の縁ですが、通常の手入れのほかに、金箔部分を食パンで磨くだけで、この光沢を保っています。

✦食器の手入れ

ドイツのよき主婦の条件のひとつに、「食器やグラスが輝いている」ことがいわれます。キッチンや洗面所、窓ガラス同様、食器もピカピカに磨き込まれていることが大切なのです。ちょっとした時間を見つけてはまとめて食器を磨く。そんな習慣を今でも続けている主婦が多いのです。

○陶磁器の食器は牛乳で磨く

マイセンのような陶磁器の食器は、飲み残しの牛乳で磨くと「キュッ、キュッ」と音がするくらいきれいになります。

○陶磁器は熱湯や冷水に長時間つけないこと

湯や冷水に長時間つけると、陶磁器が傷む原因になるので気をつけましょう。油汚れは、ぬるま湯でサッと落としてから、やわらかいスポンジでこすります。

○食器のしまい方

食器は、洗いたてのものは下や奥に並べます。同じものばかり使うことがないように、古いものから順に使えるようにします。いつもバランスよく食器を使う配慮も大切。食器を長持ちさせる秘訣です。

○磁器の金箔の飾り

イギリスに住んでいたころ、デパート「ハロッズ」のバーゲンでロイヤルドルトンのティーセットを衝動買いしてしまいました。ドイツの友人たちに話せば、「もったいないことを」と、眉をひそめられそうですが……。

その後、マイセンの食器をコツコツと集め始めたとき、我が食器の定番からはみ出しそうな金箔の縁取りがある派手な磁器に、「どうするか」と思い悩んでしまいました。でも、我が思慮のなさとイギリス生活の記念に、この食器だけは残すことにしたのです。

年に一度くらい、カップの周りについた金箔の飾りを、食パン（ドイツでは黒パン）でこすります。そうすると、ピカピカに。

3 ドイツ流、ヘルシーライフの勧め

◆健康な暮らしの工夫と知恵

健康第一と考えるドイツ人は、健康管理にとても気を遣います。そんな彼らの生活習慣には、ちょっとした気遣いが日常に溢れています。

風邪対策

*風を引いたときは、一日1ℓ以上の水を飲んで水分を補給します。発熱で汗をかくので、脱水症状を防いだり、体内の循環をよくするためです。

*牛乳200ccに砂糖小さじ二杯、ベイリーフ一枚を入れて沸騰させます。身体がぽかぽか温まります。

化粧品

*保存は直射日光の当たらない涼しいところがベストです。

*クリーム類は保存期間が長くなると変質します。一年以上経ったものは潔く処分します。

足の美容

友人のエリカは若いころ、フットマッサージの訓練を受けたとかで、お年寄りの足を時々訪問ケアをしていました。ドイツ人は何歳になっても足をとても大切にするのです。

○エリカが教えてくれた手足のケア

＊冷たい手足には、甘くしたコーヒーにラム酒を少々入れて飲むと効きます。

＊冷たい手足は、塩でもんでも温かくなります。

＊足が冷たい時は、熱い湯で固く絞ったタオルで足をくるみます。タオルが冷めないように暖色系の毛布をかけて10分くらいそのままにします。

きれいな息

ドイツ人はにおいにとても敏感です。
口のにおいも例外ではありません。

○お口のにおい解消法

＊フロスを使って歯をきれいにし、水やハーブティーを飲みます。
＊口臭予防には、緑黄色野菜を多く食べましょう。
＊ニンニク料理を食べた後は、温めた牛乳を飲みます。
＊生パセリを茎ごと噛むのも効果的です。

4 ドイツ人のおしゃれ感覚

◆本当のおしゃれとは

昨夏もドイツの友人たちと、ハンブルクの街中でコーヒーを飲みながら〝ファッション・ウオッチング〟を楽しみました。アルスター湖を望むオープンカフェで、道行く人々を眺めながらの会話は弾みます。

ジーンズにタンクトップの重ね着、いまやファッションはドイツのハンブルクも東京も同じ、同時進行です。

ただ違うところは、ドイツの若い女性たちのほとんどはブランド物に関心がないということ。胸を張って、街を足早に歩く若い女性たちは、ブランド物に関係ないシンプルで素朴なおしゃれをしています。

そのそばを、日本の若い女性の旅行者たちが、ブランド物のバッグを肩にフラフラと歩く姿は対照的です。ドイツ人の友人たちは、「若いのにどうして高いバッグが買えるの？」と不思議に思うみたいです。

ドイツでは、中年の女性もそれなりにセンスの良い清潔な服装をしています。ドイツ人の考えるおしゃれとは、その人の全体の雰囲気をさします。お化粧がナチュラルで、髪もきちんとブラッシングされ、姿勢や歩き方、話し方が魅力的であることが大切なのです。

モノを大切にするドイツでは、おしゃれについても自分のスタイルに合わせた自分流を楽しみながら、工夫や知恵を生かしています。

◆スカーフやマフラーのおしゃれ

ドイツ暮らしが始まったのは極寒の2月。

でも、街を歩く女性たちは毛皮や厚手のコートに身を包んで寒さを吹き飛ばすように胸を張って元気に歩いていました。

友人のエリカと初めて出会ったとき、彼女は暖かそうな紺のウールのロングコートにセンスのいい大判のストールを肩にかけていました。彼女の髪はブロンドなので紺色のブレザーやコートがとても似合うのです。

さっそく、私はバーゲンで二枚の大判のウールのストールを買い求め、コートの上に羽織ってみました。ドイツの女性たちの冬の定番スタイル。とても暖かく、しかも組み合わせるスカーフやストールの色や柄によって同じコートがまるで別物のように見えるのです。なるほどいいアイデア。

センスのいいおしゃれは、身近なものを工夫して組み合わせることと実用性が共存共栄しているのです。

ドイツの短い夏は、夜になると肌寒いことが多く、外出するときは薄手の絹のスカーフが一枚あるととても便利で安心でした。

私は、ドイツの冬をマフラーや大判のショール、夏の夜は薄手のスカーフでおしゃれを楽しみました。今でも、私の所持品のほとんどは、昔、ドイツで手に入れたものばかり。今でも冬の寒い日には、ドイツの友人たち同様、丁寧に手入れをしながら大判のスカーフを大切に着回しています。

◆ドイツで学んだおしゃれなスカーフ使いのヒント

どんな服にも合うスカーフの柄は、なんと言っても白地に何色も含んだ柄がついているものです。

よく着る服と同系の色を含んだものを中心に選びます。少ない枚数でいろいろな変化が楽しめますから。

○結び方

色のバランスをうまく使うことが大切です。

黒やグレーなど無地のシンプルなセーターには、華やかな色柄のスカーフを巻くと、セーターが引き立ち、アクセサリー代わりになります。スカーフは結び方ひとつで印象がずいぶん違って見えます。

結び方をいくつか知っておくと重宝します。

素材は絹でもブランドによって肌触りや色使いが微妙に異なるので、私は同じブランドでそろえています。ものを包んだり、家でジーンズの腰に巻いてヒップエプロンにしたりすると心がワクワクします。

①アスコット結び
スカーフをバイヤスに折って、首にかけ、長めにした方を下にして結び、長いほうの端を下から上に出します。
②セーラー結び
三角に折って肩にかけ、スカーフの両角を結んで、大きな襟のように。
③ライニング
バイヤス折りや三角折りにして、上着の襟から少しのぞかせます。

◆散歩にもおしゃれが大事

ドイツ人は散歩が大好き。散歩をするときにも、きちんとおしゃれをして出かけます。

同じアパートのオーズラ夫人は、レストランに食事に出かけるときも、散歩のときも、普段着も、何気ないおしゃれを楽しんでいました。グリーンの帽子に同系色のスカーフを首もとに巻いて散歩に出かける姿は、いつ見ても見事な色使いで、毎日の何気ない暮らしにチョットした工夫が見られました。

◆ 厚化粧より素肌の美しさと中身が大切

○厚化粧は好まれない

下地クリームを塗って、その上にパウダーをはたいてアイラインを引く程度が、ドイツ女性の一般的なメイク。

口紅は自然な感じのピンクかブラウン系のリップグロスが基本です。赤い口紅は健康的でないといわれます。

生活や環境問題、社会のこと、仕事にも興味を持ち、なによりも自分の言葉でしゃべれること。自然で魅力的な人は、中身も大切なのです。

○目元のおしゃれ

ファンデーションを顔中に塗りたくるより、大事なのは目元のおしゃれ。アイシャドウとアイライナー、マスカラはアイメイクの三点セットです。

○白く輝く歯

ドイツ人は歯をとても大事にし、ケアを怠りません。白く輝く歯は、美しい笑顔を作りだします。

白い歯を保つには、歯を磨いた後、レモンの皮でこすります。

○髪のおしゃれ

ブラッシングを丁寧にこまめにします。

シャンプーは薄めて少量使うことが、環境のために大切だと、ドイツ人。

○マニキュアは必須アイテム

ドイツでは、赤い口紅はしなくても、マニキュアはおしゃれの必須アイテム。

エチケットとしてマニキュアをします。

夏、お年寄りが、素足で履いたサンダルから赤いペディキュアをのぞかせているのをよく見かけます。

○疲れを取るぬるめのバスタイム

ぬるめのお湯を半分ほどはったバスタブにゆっくりとつかると疲れが取れます。ボディの汚れとともに、一日の疲れも洗い流しましょう。

○にんじんとりんご

ドイツの子供たちは、「りんごは薬、にんじんは美しい肌のために」と、いわれよく食べさせられます。

にんじんは、にきびや肌荒れに効くといわれます。

5 環境にやさしい暮らし方

◆環境先進国ドイツの徹底ぶり

ドイツ人の質素倹約の暮らしは、居心地のよさをつくるため、そして最近では環境にやさしいことも大切なテーマです。

モノを選ぶときは、環境マークがついたものを選びますし、買い物も安い物を少量ずつ何回もこまめにコンビニスタイルで買うより、必要なものをまとめて大量に買うのです。だから、ドイツには、駅にキオスクはありますが、コンビニも自動販売機もありません。

○過剰包装をしない

食料品は各自が必要な量を買うことができるように、一人用などの個別包装はありません。また、過剰包装もしません。ゴミが自然に少なくなるようにするためです。

ドイツのスーパーマーケットでは、いくらたくさん買い物をしてもレジでビニールの袋をくれません。自分で買い物袋を持参するか、頼めば有料です（十円くらい）。

環境にやさしい暮らしをモットーとするドイツ社会では、「十円くらいだから買えばいい」という考えの人は「教養がない人」と白い目で見られるのです。だから、よほどのことがない限り、みんな布の買い物袋を持って出かけるのです。

○ゴミを出さない工夫をする

環境先進国ドイツでは、ゴミ収集の日がありません。街や住宅街には何種類かのゴミ箱が備え付けられています。

燃えるゴミ、燃えないゴミ、ガラスなど、ゴミの種類によって一人ひとりが責任を持って分別して捨てます。週に何度かそのゴミを、大きなトラックに乗ったオレンジ色のつなぎ服を着たおじさんやお兄さんが集めまわります。

駅のプラットフォームには、四色で分けられた四角形のゴミ箱があります。グリーンのGlas（ガラス、ビン類）、ブルーのPapier（新聞紙、紙）、ピンクのRestmüell（使用後のテープ、ライター、生ゴミ、スプーンなど）、黄色のVerpackung（包装パック、カン）など。


ゴミの処理は徹底しています。ドイツは、各家庭だけでなく、街中までもが本当にきれいです。社会全体が、そして一人ひとりがゴミを出さない仕組みになっているような気がします。

○日本のゴミ事情

私のホームページ〝Ask Sachiko〟（沖　幸子に聞いてみましょう）には全国から家事や暮らしに関するお問い合わせのメールがたくさん届きます。

中でも多くの方が分別ゴミの問題、ゴミの多さに悩んでおられます。

ゴミの処理は地域によってさまざまなので、まずは各自が、環境改善に関心をもって取り組むことが必要ではないでしょうか。

たとえば、牛乳のパックや、スーパーのプラスチック容器、空き缶などのリサイクルです。近年、スーパーなど自主回収しているところが目に留まるようになりました。

環境にやさしい社会を目指すためには、そうした一人ひとりの意識改革も必要なのだと思います。Geizig《ガイツイッヒ》「ケチな」とSparen《シュパーレン》「節約する」は違うのですから。

ゴミを出さないための工夫も、ケチなのではなく、環境保全のためなのだと思えば、心に満足感がわいてくると思います。

◆自然環境を暮らしに取り込む

森林が多いドイツの暮らしは、日常生活に自然の豊かさを積極的に取り入れて生活しています。

○温度計と湿度計を置く

家の庭やバルコニーに温度計や湿度計を置いて、天気を自分で観察。パンや料理作り、外出時の服装選びに役立てる。もちろん、テレビやラジオの天気予報も参考に。

○散歩をする

公園や森をよく散歩し、自然環境を暮らしに取り込む。散歩はお金のかからない気分転換を兼ねた健康法という考え。

環境にやさしいドイツ人のライフスタイルを見習いたいですね。

やんちゃなドンキーも 11 歳になりました。室内でいつも一緒ですので、部屋も犬もクリーンに。犬も床もこまめな湯拭きは欠かせません。

6 ペットと暮らす

◆「子供と犬はドイツ人に教育させるといい」

二十年も前のことです。
イギリスに住んでいたころ、フラットの隣人の老婦人からアフタヌーンティーに誘われた時、話のついでに、「子供と犬はドイツ人に教育させるといいのよ」と言われました。その後、ドイツでの生活を経た今でも、それがくっきりと心に刻まれています。

ドイツでは、いたるところで犬を見ました。
レストランやホテルや乗り物の中。
スーパーの入り口には、犬をつないで待たせておくための杭まであり、その前には夏の暑い日（といっても18度くらい）のために水入れも用意されてありました。

ドイツ暮らしを始めて間もないころ、「犬をお連れになるかどうかお知らせください」とパーティの招待状に書かれていたことがあり、驚いたことがあります。意味がわからない私は、隣人のオーズラ夫人に尋ねたところ、なんと！

「犬連れのお客には、犬をつなぐ場所と飲み水を用意しておきます」

ということだというのです。

ドイツでは、多くの犬や猫が家族の一員で、特に犬はよき友達。片時も離したがらない人が多いと、彼女は教えてくれたのです。

今では、日本もペットブーム。我が家でもダメ老犬ドンキーを室内で飼っています。ドイツでの経験から、ドイツ流に人間の邪魔をしない最低のしつけだけは心がけましたが、果たしてどうでしょうか。

ドイツでは、犬を見ればその飼い主の生活ぶりがわかるくらいきちんとしつけることが常識。外へ出ればどんなに気に入らない人に出会っても、飼い主と一緒なら吠えないし、自宅侵入者には徹底して吠える〝自己防衛術〟を叩き込むのです。

そして、「犬といえども決して気を許さない」のがドイツ流。知らない他人の犬には、決して相手になりません。

ペットの犬の上手なしつけ方

ペットの犬は飼い主に多くの喜びと暮らしにメリハリを与えてくれます。犬との快適な暮らしを送るには、子犬のうちに人間の邪魔をしない決まったルールを教えなければいけません。犬も人間と一緒ですね。

①近隣に迷惑をかけない＝「啼き声がうるさい」「我が芝生に入ってくる」などの苦情が出ないようにすること。

②犬を連れて買い物やレストランに行けるように、マナーを教えて、店頭でおとなしく待っていられるようにする。

③犬が自由に歩けるようにしつけます。リードがなくても道端で「止まれ！」と言えばちゃんと止まるなど、飼い主の命令を聞くことができるようにします。

④犬が人間に飛びつかないようにしつけます。

⑤人を噛むことは絶対にいけないということを教えます。

⑥飼い主の「おいで！」などの命令を聞き分け、絶対従わせます。うまくできればほめ、できるまで根気よくしつけます。

⑦いたずらやいけないことをした場合、大きな声を出したり、新聞などで音を立ててたたきます。犬を直接たたいてはいけません。

⑧飼い主のペットを飼う姿勢が徹底していることが大切です。

ちょっと厳しいようですが、何事も最初が肝心です。甘やかして育てると、犬の生活習慣病のもとになったり、お散歩や外出時に人に迷惑をかけることになりますから……。愛情のある厳しさでいい子（ペット）に育ててください。

犬や猫の毛の掃除

ドイツでも犬や猫は家族の一員で、ほとんどが人間と自然に住空間を共有しています。我が家でもドンキーの毛がクッションやカーペットにつきますが、かえって、掃除をこまめにするようになります。ペットがいても、きれいな居住空間は保てます。ドイツ人の犬好きがその証拠です。

では、その簡単なコツをお伝えします。ペットの抜け毛とにおい対策はこれで万全！

①ゴム手袋をはめ、布のソファやじゅうたんをなでるようにすると毛が取れます。

②ガムテープで取ります。

③ペットの抜け毛を最少にするには、一日二回、ブラッシングをします。

この3つを実践するだけで全然違いますから、ぜひ試してみてください。

ペットのにおい対策

来客の方の中には、動物嫌いな方もいらっしゃると思います。そういう方に対しては、特にペットのにおいが部屋にこもっていないか気になるものです。

そんなときは……

①こまめに部屋の掃除と換気をすること。

②ペットの清潔を保つことが重要です。目ヤニや耳アカも、においのもとになりますから、散歩から帰ってきたら、足の裏はもちろん、顔も拭いてあげることを習慣づけます。ブラッシングと体全体を湯拭き（お湯で固く絞ったタオルで）します。

この二点を注意するだけで、においは解消されるはずです。

◆ドイツ人と犬

犬にも子供にも厳しいドイツ人ですが、同時に思いやりや優しさがあるような気がします。犬を叱るときは徹底していますが、人間といつも生活を共にするパートナーとして大切に扱います。

クリスマスには愛犬にプレゼント用のソーセージを与えたりします。

スーパーでは店内に犬を持ち込めないので、入り口に犬をつなぐ場所があり、そこには飲み水が用意されています。

ドイツ人が犬好きなのは、犬が主人には忠実で、訓練をきちんとすれば規則を守ることがドイツ人の性格にピッタリ合うからかもしれません。

7 ホームパーティを開く

◆人を招くことが好き

ドイツ人は、人を招いたり、招かれたりすることが上手。

ドイツに住んでいたころ、「お茶に来ませんか」とか「ワインを飲みにいかが」と、よく誘われました。「夜の六時ごろ」、と言われれば軽食が出ますが、「夜の八時過ぎに」となると、本当にワインだけということもしばしば。

とても気軽に、呼ぶ人も呼ばれる人も負担なく、人が集まりおしゃべりを楽しむことが中心。その方法も合理的で、ホスピタリティ（もてなし上手）あふれるものでした。ドイツ人の、人を招いておもてなしをする心について学ぶことも多かったような気がします。

◆ドイツ流ホームパーティの心得

ドイツでも最近はマナーが悪い人が増えた、と友人たちは嘆いていますが、基本的には、人々が集まるときは、前もって近所に挨拶をするのが常識です。

○Ruhe Zeit《ルーヘツアイト》（静寂時間）

ドイツでは昔から午後一時から三時ごろまでをRuhe Zeit《ルーヘツアイト》（静寂時間）といって、この時間は物音を立てず、人の家を訪問することも避けます。「今は、都会ではこのルールを守るのはお年寄りだけ。若い人々には忘れられつつあるの」と、昨夏、友人のエリカが嘆いていました。でも、今でもドイツ人は物音にはとても敏感で、クレームの対象になります。

◆ドイツ人のホスピタリティ（もてなし上手）に学ぶ

ドイツ人のお宅に招かれ、その気配りには感動することがたくさんありました。

○女主人の心得

ドイツでは、家にゲストを招いたとき、お酒は男性、料理は女性の担当となっています。

人を招いたときのホステスは落ち着いて目立たないこと。ばたばたと忙しそうにキッチンにこもっている姿をゲストに見せないこと。どんなに素敵な部屋でも、最高に美味しい料理を出しても、女主人の立ち居振る舞いによっては台無しになってしまうことがあるからです。

○音楽

音楽はパーティの雰囲気を盛り上げてくれます。

知らない人同士が同席する場合、音楽が話題になる演出も大切。

○おもてなしの準備

私は、ドイツ女性たちのおもてなしの手順を知ってから、我が家に人を招くのが楽しくなりました。お招きする人が多くても少なくても、その手順は同じなのです。まず、食卓に洗い立ての糊の効いたテーブルクロスをかけ、お花を生けたり、器やグラスを並べておけば、安心して料理に取りかかれるのです。

○テーブルクロス

アイロンがかかったテーブルクロスが間に合わない場合、クリーニング済みの糊の効いた白いコットンシーツが代用できます。パーティが重なったときはとても便利ですよ。

ゲスト用の入浴セットです。タオル、石けん、シャンプー、リンスなどの一式をかごの中にまとめて、洗面台に置いて用意しておきます。また、バスルームにも観葉植物を置いて、空間を楽しんでいます。

○**バスルーム(トイレ)には良い香りを**

ゲスト用の香りの良い上等の石けんを。洗い立てのタオルも準備します。

○**最後のチェック**

足りないものがないかどうか、食事の準備が済んだ時点でもう一度チェックをします。飲み物のグラス、食器、ナプキン、ナイフ、フォーク、お箸など。

最近はドイツ人も、若い人はお箸が使える人が増えました。

◆おもてなしの心配り

さりげない心配りは、パーティに招かれたゲストの心をホットなものにしてくれます。

○**ワインの注ぎ方**

ワイングラスの縁ぎりぎりまで注がないこと。上3センチくらい残します。

ワインは香りを逃さないために、グラスの上の空間はとても大切です。

○上手な後片付け

パーティの最中から、汚れたお皿は、さりげなく、ぬるま湯に中性洗剤を入れたポリバケツや食器洗い機に入れておきます。

知人のロータ夫人は、汚れた食器を置く台を、キッチンの隅に用意していました。

◆パーティの種類

ドイツ人は、クリスマスや結婚式、誕生日などの記念日以外でも、「引っ越ししたから」「庭に木を植えた」「じゅうたんを修理した」などと何か理由をつけてパーティを開くことが大好き。

私がドイツで招かれたパーティを思い出してみると……。

○ブランチ

日曜日の朝食と昼食を兼ねた食事で、ごく親しい人々を呼びます。温かいスープやパンとコーヒー。たまに煮込み料理も。

楽しかったのは、初夏の爽やかな風を感じながらのゴルフ場での遅めのブランチ。日本のようにハーフを回って昼食ではなく、ワンラウンドしてから食事です。ドイツ人に限らず、ヨーロッパの人々は外で食事をすることが好きです。

特に緑あふれる草原でのブランチは、身も心ものびのび。太陽を浴びながらの食卓は、北国の人々には大いなるご馳走なのです。

○チーズパーティ

夜のパーティにはチーズとワインがあれば充分。

ドイツはチーズの種類も多く、経済的。野菜と組み合わせれば栄養のバランスもとれ、見た目も豪華。何よりも冷食 Kaltes Essen《カルテスエッセン》なので後片付けもラクラク。午後八時以降のおもてなし〝料理〟に欠かせません。

○ボトルパーティ

ゲストがめいめい、決められた飲み物を持ってくるのです。

○仮装パーティ

秋のフェスティバルのころ、エリカの友人のパーティに招かれたとき、「なんでもいいから仮装してきて」といわれました。

さて、と考えて私は日本から持参した浴衣を着て出かけました。あの時の浴衣は、「寝巻きに使って」とエリカにプレゼントしたのですが、昨夏「今でも浴衣を着ているわよ」と彼女。ただし、最初の浴衣から〝五代目〟とか。ドイツでも浴衣は手に入るそうです。

○サラダパーティ

アパートの大家さんの息子さんのピーター夫妻が開いたアイデアパーティ。めいめい自慢のサラダを持ち寄りました。

○引っ越しパーティ

新居に引っ越したとき、隣人や知人を招いて交流を深めます。飲み物とカンタンなおつまみが出ました。「WIR SIND UMGEZOGEN《ヴィアズィントウムゲツォーゲン》」（引っ越しました）と印刷されたお茶目なはがきも売っています。

なんと、たくさんのパーティと名のつくご招待を受けたことでしょう……。つくづく、ドイツ人はお互いのお宅を行き来することが好きなんだと思います。日本でも、人を招くのが好きな方がいらっしゃいます。国は違っても、もてなしの心は同じだと思います。ドイツ流のもてなし方が、少しでもご参考になれば、と思います。

3章

OMAS TIPS ドイツのおばあちゃんの知恵

1 ドイツ伝来のOMAS TIPS《オーマスティップス》（おばあちゃんの知恵）

◆「Langsam《ラングザーム》, Langsam《ラングザーム》」（ゆっくり、ゆっくり）

ドイツ人の合理的な質素倹約精神は、ドイツの過酷な自然環境ととても関係が深いようです。

北に位置し、冬が長く、雨や雪の多い国、ドイツ。

私が住んでいた北ドイツのハンブルクも、冬が長く、夏の弱い太陽の季節はあっという間に過ぎていつもどんよりと曇り、雨の多い日々が続きます。

こんな過酷な自然環境の中だからこそ、昔から、ドイツ女性たちは乏しい食料や資源の中から、衣食住を中心にあれこれ暮らしの知恵を働かせてきたのです。

毎日の家事もできることは自分でしたり、衣類や食料は手作りをする。作ったものは丁寧に手入れをして大切にいつまでも使う。そして、大切なことは日々の生活の「無駄をなくす」ことでした。

それらは、すべて居心地のいい家庭をつくって守るためでした。

ゲルマン民族の女性たちは、絶えず戦争に出かけて留守がちな男性たちの代わりに家庭を守り、時には武器まで作るのを手伝っていたといいます。

そんな生活のなかから生まれた合理的な生活の知恵。

まじめで実直なドイツ女性たちは、自分たちが考えた簡素で心地いい〝暮らし術〟を娘や孫に伝えてきたのです。

私は、ドイツ滞在中にふとしたきっかけで、Omas Tips《オーマスティップス》（おばあちゃんの知恵）に興味を持ち、ドイツの友人たちにも聞いて集めました。

環境大国ドイツで、今もドイツ人の暮らしの中で受け継がれている「古きよき暮らしの知恵」の数々。今の生活にも参考になることが多い、とドイツの友人たちは自分たちのOma《オーマ》の知恵を頼りにし、生活に役立てているようです。

Oma《オーマ》の知恵は、日本の「おばあちゃんの知恵」にも似て、とても心がほっとして、楽しくなります。

あなたが毎日の単調なマンネリ化した家事に疲れたとき、そして家事がイヤになって投げ出したくなったとき、日常生活のサプリメントとして読んでいただければと思います。きっと、気分転換になると信じています。

私も忙しい毎日が続いたとき、たまにはOmas Tipsを読み返して、ドイツのおばあちゃんの時代のように「Langsam《ラングザーム》, Langsam《ラングザーム》」（ゆっくり、ゆっくり）と言い聞かせています。

私のOmas Tips《オーマスティップス》のメモ書きより。

◆家事がイヤにならないために

ドイツのOma《オーマ》にも、気分転換したいことがあったのですね……。

＊家事は、短時間に。ダラダラやるのはやめましょう。

＊家事がイヤになったり、疲れたら、思い切って「家事休暇」をとります。

＊音楽をかけて、心をゆったり、ワインやコーヒーを自分のために入れます。
＊心が元気になってやる気になる曲を決めておきます。
＊きれいな風景画や絵本を見るのも心が癒されます。
＊気分転換に犬の散歩や、一人で森や公園を歩くのもお勧めです。
＊おしゃれをして出かけ、途中出会った人とおしゃべりするのもやる気が出ます。
＊お気に入りのコーヒーカップをピカピカに磨きましょう。気分がさっぱりし、家事へのやる気が出てきます。

◆家事が大嫌いなあなたへ、Oma《オーマ》からのアドバイス

家事は、人間が生きていくうえでやらなければならない労働です。

友人のエリカのお母さんは、自分の母親から、「やらなくてはいけない家事は、歯を食いしばってもがんばること」と、家事への自覚を教えられたといいます。

「古い時代の家事は大変」と、彼女は言いますが、やらなくてはいけないことをしっかり自覚して短時間に家事をこなす彼女には、ドイツのOma《オーマ》のDNAがしっかり受け継がれているような気がします。

Oma《オーマ》の家事は、部屋をきれいに快適に保つためのもの。家事は、カンタンに誰もができる毎日の「健康管理」にもなるのです。

身体を動かすことが家事、というわけ。

◆Omaの手仕事

毎日の家事の楽しみ。それは自分でできる手仕事かもしれません。Oma《オーマ》の時代は、モノがなかった分、知恵を働かせて手仕事を工夫しました。できるものは何でも自分でやるのがOma《オーマ》の家事の基本だったのです。手仕事は節約にも通じる大切な家事の方法。コツさえわかれば、簡単にできます。

では、これから、私が長年書きためてきた「Omas Tips《オーマス ティップス》のメモ書き」より、ドイツで代々受け継がれているOma《オーマ》の知恵を具体的にご紹介します。

生活編

○窓を開ける

きれいな空気は、健康で心豊かな快適な生活を送るために大切です。換気扇を回す前に、窓を開けましょう。お金もかかりませんし、電気代の節約にもなります。短時間で充分。朝昼晩、時間を決めて窓を大きく開けます。

○切り花

花瓶の中に頭痛薬を一錠入れると、花が元気になります。また、黄色い花は、他の色の花と比べて長持ちします。

銅のコインを入れた水は、花を長持ちさせます。

花の茎は切り口を斜めに切ると、水の吸い上げがスムーズになり、花が長持ちします。

○ろうそく

長持ちさせるには、塩水につけ、自然乾燥させます。冷凍室に2時間ほど入れたろうそくも長持ちします。

ろうそくを消すときは一気に。ろうそく消しを使うと、一度に酸素を奪うのでろうそくの芯が傷みません。

○手紙の封をする

卵白をつけて封をすると、蒸気に当ててもはがれません。熱い蒸気でさらにピタッとくっつくからです。

○靴紐

先がほどけてボサボサになった靴紐は、透明マニキュアをつけて乾かします。かたくなってラクラク、靴穴に通るようになります。コツは、少量つけること。

お掃除編

◆掃除とOrdnung《オルドヌング》（整理整頓）

ドイツ人はOma《オーマ》の時代から家の中が「Ordnung《オルドヌング》」（整理整頓）されていることに神経を尖らせてきました。部屋の中がいつもきちんと整理整頓されていることは、掃除を手早く上手にするための最低条件なのです。

人生も同じ。整理整頓された暮らしは、余分なものに煩わされることなく、快適です。モノが整理整頓されていると、無駄なものがなく、どこに何がどれだけあるかもわかります。気に入ったものをいつまでも手入れをして使いこなすことができ、心も豊かになるのです。

○掃除道具

ホウキやデッキブラシは、毛先が傷まないように壁にかけておきます。バケツなども壁にかけると収納スペースをとらず、部屋が広く見えます。新しいブラシは、使う前に塩水に入れ、自然乾燥してから使うと長持ちします。スポンジは使ったあと、お酢につけて固く絞って乾かします。カビ予防になり衛生的です。

○部屋のにおい

＊リビングの片隅に、小皿にお酢を入れて置きます。酢の自然発酵でにおいが取れるのです。

＊出がらしの紅茶をフライパンで乾煎りすると、においが消えます。

＊部屋にこもったタバコのにおいは、湿ったバスタオルを振り回して取ります。タバコのにおいがついた衣類は、入浴後のバスルームに吊るしておきます。

また、湿らせたシーツに衣類をくるんで、半日くらい外へ出しておいてもタバコのにおいが消えます。

○窓ガラス磨き

＊お酢を入れたぬるま湯で拭き、仕上げに新聞紙で磨くとツヤが出ます。読んだ後の新聞紙を使えば、安上がりです。くれぐれも作業中に読み残しの記事に夢中にならないように。

＊皮付きの玉ねぎ、または、じゃがいもの切り口で磨きます。仕上げは乾いたタオルでから拭きをします。

＊カーテンが汚れないように、また邪魔にならないように、輪ゴムでまとめて束ねておきましょう。月に一回はカーテンも洗います。

○寒い日の窓ガラス

窓についた霜は、一カップの消毒用アルコールを1ℓの水に加えた液で絞ったタオルで拭きます。

○ペンキを塗った窓枠

ホコリを払ったあと、きれいなタオルに消毒用アルコールをつけてこするように拭きます。窓枠のペンキが塗りたてのようにきれいになります。

水回り編

○バスタブや洗面台

ホウロウのバスタブは、飲み残しの牛乳で磨くとツヤが出てきれいになります。

蛇口のシミは、お酢を含ませたタオルを巻きつけ、30分ほど置いて、磨くように拭き、あとは水拭き、から拭きをします。

タイルの床や壁は、磨く前に熱いシャワーのお湯をかけておけば、お湯の熱で汚れが取れやすくなります。

○トイレ

あなたが使うたびにトイレのブラシで磨いておくと、汚れがたまりません。陶器の便器は、牛乳で磨くとピカピカになります。こびりついた汚れは塩で磨きます。

室内編

○じゅうたん

じゅうたんの汚れは塩を使って落とします。

じゅうたんの上に塩をまき、30分ほどしてから、ブラシで掃くように塩を取ったり、掃除機で吸引します。塩が汚れを吸い取り、じゅうたんの見えない汚れまで取ってくれます。ホコリ取りや、小麦粉をこぼしたときにとても便利。

月に一度は、ホコリを取ったあと、数滴の酢を入れたぬるま湯でタオルを固く絞って拭きます。

たまにはじゅうたんの裏側からホコリをたたいて、表は洋服ブラシをかけます。雪の上でじゅうたんをたたけば、雪がホコリを吸い取ってくれるので、きれいになります。きれいな雪の上で。

じゅうたんのシワや折り目は、水で湿らせて、丸一日吊るしておくと取れます。

敷き込んだじゅうたんをそのままシャンプーする場合、家具の脚がぬれて汚れのもとになることが。家具の脚に小さなジャムの広口ビンをはかせておきます。家具の脚がぬれるのが防げるだけでなく、家具の移動もラクになり

アンティークショップで購入した年代物のじゅうたんです。じゅうたんはホコリや犬の毛がつきやすく、汚れやにおいの原因にもなるので、まずは掃除機を頻繁にかけるよう心がけています。また、一週間に一度はお湯で固く絞ったタオルを丸めて拭き掃除を。においが気になるときは、中性洗剤を溶かしたぬるま湯で拭くと取れます。時々Omaの手入れ法を取り入れながら……。

ますよ。

○じゅうたんのシミ

＊じゅうたんに何かこぼしたら、すぐ拭き取ること。放置するとシミになって取れにくくなります。ついてすぐの汚れは、ベーキングパウダーか小麦粉をかけてしばらくおき、ブラシで掃き取ります。

＊古くて、いつの汚れか分からなくなってしまったシミは、1ℓのお湯にお酢カップ二分の一を入れたもので夕オルを絞り、たたくように何度も拭きます。シミ取りの仕上げは、きれいなタオルで水分を充分に吸い取ります。

＊赤ワインのシミは白ワインで取ります。

＊じゅうたんに焦げを作ってしまったら、焦げ穴に布用の接着剤を少量ずつ流し込み、じゅうたんの共布から切り取った毛羽を埋め込みます。

接着剤が自然乾燥してから、紙を載せ、上から軽くポンポンとたたきます。

＊ろうそくのロウがたれたら、吸い取り紙か封筒を置いて、熱くしたアイロンをかけます。ロウが紙に吸い取られるまで何度も根気よく繰り返しましょう。

＊じゅうたんにガムがこびりついてしまったら、氷をポリ袋に入れたものをしばらく押し当てておきます。ガムが固くなってからゆっくりとはがします。

○木の床や家具の傷

茶色の靴クリームを乾いた布につけ、磨きます。ヴィンテージな感じの風合いを持つ床に変身します。子犬が噛んだ家具の脚にも効果的です。

小さな傷は、少量のマヨネーズをつけ、やわらかい布で磨きます。必ず、木目に沿って。

家具・インテリア編

○木製のテーブルについたコップの跡

輪ジミはレモンの切り口に塩をつけ、軽く輪ジミの上をこすります。仕上げはタオルか布で水拭き、から拭きします。

○マホガニーの家具

飲み残しの冷めた紅茶を薄め、やわらかい布につけて拭きます。紅茶のタンニンでマホガニーの色が甦ります。仕上げは乾いたやわらかい布で拭きます。

○革製のソファと椅子の汚れ

洋服ブラシをかけてホコリを払います。やわらかいスポンジに牛乳をつけて磨くと汚れが取れ、ツヤが出ます。仕上げは、から拭きで。

〇絹やゴブラン織りのクッションカバーの簡易クリーニング

片栗粉を振りかけ（表面に薄くかぶる程度）、洋服ブラシで丁寧にたたきながら払います。汚れが片栗粉に吸収され、色柄がきれいにはっきりしてきますよ。

〇油絵の汚れ

高価な絵でなければ、食パンで軽く拭きます。

有名作家の作品は、専門家に任せたほうが安心です。

〇アンティーク時計

ガラスのカバーがない古い時代物の時計の文字盤は、じゃがいもの切り口でこすります。仕上げは、やわらかい布で拭きます。

日曜大工編

○工具箱のサビ防止

活性炭か白墨を二、三本入れておきましょう。湿気を吸い取ってくれるので、サビ防止になります。

○ネジをしっかり固定する

ネジにあらかじめ接着剤をつけてから差し込めば、しっかりと固定できます。右へ回せば閉まり、左へ回せば緩みます。

○引き出しをスムーズに

引き出しの溝にろうそくや石けんをこすりつけておきます。Oma《オーマ》は好みのオーデコロンをつけて、ほのかな香りを楽しみました。

○**雪除け仕事をスムーズに**

雪除けスコップにワックスをかけておくと、雪がくっつきません。

2 「洋服だんすは文句を言わない召使い」

✦Omaの身だしなみ

Oma《オーマ》の時代から、「洋服だんすは文句を言わない召使い」という言い伝えがあります。洋服だんすは、汚れたまま手入れがされていない衣類でも「文句を言わず」黙って、いくらでも受け入れてくれるからなのです。

だから、Oma《オーマ》たちは、「手入れを充分にしてからしまう。ぎゅうぎゅうに詰め込まない」という洋服だんすへの〝思いやり〟のルールを忠実に守ってきたのです。

私が、かつて住んでいた北ドイツのハンブルクのアパートには、住民が区分割で所有できるKeller《ケラー》（地下室）がありました。じゃがいもやりんごなどの野菜や果物、ワインなどを貯蔵したり、ランドリールームや収納スペースとして利用でき、とても助かりました。

そこには隣人のオーズラ夫人の大きな紫檀の洋服だんすが三棹も置いてありました。彼女は定期的に衣類を出し入れするのですが、ある時、彼女がたんすの中を見せてくれました。そこには、手入れが充分にされた衣類がお行儀よく整然とぶら下がっていて、感動したのを覚えています。

Oma《オーマ》のおしゃれの基本は、自分の衣類や持ち物は自分で手入れをし、管理することです。そのためには、手入れ方法の知識を持たなくてはなりません。そして、自分が管理できる範囲の種類や数を持つことが原則です。

Oma《オーマ》にとって、本当のおしゃれとは、手入れの行き届いた質のいいものを上手に着こなすことだからです。

衣類の手入れ編

○色あせた木綿のブラウス

スキムミルクをぬるま湯で溶かした中に1、2時間つけておくと、色が鮮やかになります。後は、ぬるま湯でよくすすぎましょう。

○帽子の手入れ

雪や雨で湿った帽子は、乾かす前に、薄めたアンモニア水で拭くと、シミになるのを防いでくれます。光沢も甦ります。

○毛皮

冬は酷寒のドイツ。Oma《オーマ》の時代も毛皮は必需品です。一般のOma《オーマ》たちの普段着は、ラムやアルパカのコート。雪や雨の多いドイツでは、ミンクより洗い熊（ヴァサー・ベア）のコートのほうが、丈夫で長持ちすると好まれます。

ぬれた毛皮は、いきなり乾かさないこと。ヘヤードライヤーの冷風でゆっくり乾かしましょう。

ホコリをたたいて、目の粗い櫛でコートの表面を毛並みに沿ってすきます。

○ビロード

Oma《オーマ》の時代、ビロードの服は夜のパーティの主役でした。

ぬれたビロードの洋服は、やわらかい布にアルコールをしみ込ませ、ぬれた部分をかるくたたきながら拭いて、後はハンガーにかけて乾かします。

アイロンをかける場合、布から少し浮かしてかけます。

○シルク

薄い紙を絹の衣類の上に敷いてから、低温のアイロンをかけます。

袖に紙を丸めて入れて乾かすと、型崩れしません。トランクに入れる場合も、同じように。

○すべりが悪くなったファスナー

ろうそくか石けんでこすり、後は乾いた布でこするように拭きます。

○アイロンの知恵

すべりが悪いとき、使用後、余熱（低温）が残っているうちに、ろうそくをアイロンの底に塗り、塩をふった紙の上を何度か動かします。やけどに気をつけてください。

シミ抜き編

◆シミ抜き前にすること

Oma《オーマ》は、「小さなシミは放置すると大きな困りごと」と言って、ついたらすぐ処理しました。ドイツ人は今でもOma《オーマ》に限らず、修理や手入れはすぐやるか、できなければ二、三日以内に片付けるように心がけているようです。

シミ抜きの前にすることは……

①大体の汚れを落としてから作業に取りかかります。

②ドイツの水道水（硬水）もシミの原因になることがあります。炭酸で中和すると軟水になります。

③大切な洋服は、必ず目立たない部分でテストをしてからシミ抜きします。

○シミ抜きに使うもの（薬剤）

蒸留水、消毒用アルコール、オキシドール、アンモニア水、酢、アセトン、レモン汁、ベンジン、グリセリン、重曹（炭酸ソーダ）水

○シミ抜きのコツ

＊こすらないこと。いつも軽くたたく要領で。

＊化学薬剤を使う場合、窓を開けたりバルコニーなどの戸外で作業をしましょう。

＊シミ抜きに使う布は、シミのついたものとは違う素材のものを使います。いつもきれいなものを。
＊色柄物は、お酢を入れたものにしばらくつけておくと、色落ちが防げます。
＊素材はよく確認しましょう。

○ビールのシミ

タオルや布を当ててたたきます。
時間が経った古いシミは、ぬるま湯で絞った布でたたきます。

○フルーツのシミ

フルーツなどの汁がこぼれたら、すぐぬるま湯で絞った布でたたきます。
古いシミには、消毒用アルコールかアンモニア水を使います。

○鉛筆のシミ

鉛筆のシミは、下敷きの上で消しゴムを使って消します。

○軽い焼け焦げ

白地についた軽い焼け焦げなら、オキシドールをつけた布でたたきます。

○サビ

レモン汁と塩をつけ、布でたたくように取ります。後は日に当てて乾かします。

ソーイング編

◆「針に通す糸を長くする娘は、やりくりベタ」

昔から、「針に通す糸を長くする娘は、やりくりベタ」といわれます。
Oma《オーマ》の針仕事も無駄をなくす「やりくり上手」が基本です。
糸は長すぎないように。使う長さだけを切り、無駄がないように心がけます。

糸の先に少量の糊をつけ、乾いてから針穴に通すとラク。

○ボタンつけ

洋服についているボタンを一個なくすと、全部取り替えなくてはならず、無駄な出費になります。四つ穴ボタンを長持ちさせるためには、穴の二つを縫いつけ、あとの二つは糸を切ってから、別に縫いつけます。こうすれば、片一方が切れても、ボタンは残りの糸でついているからです。

○編み物

ドイツのOma《オーマ》は編み物上手です。ドイツに住んでいたころ、近所のOma《オーマ》にいただいた毛糸の手作りマフラーはとても暖かく、身も心もホッとしました。クリスマスが近くなると、外に降りしきる雪を眺めながら、プレゼント用の靴下やマフラーを作るため、編み針をせっせと動かすのです。

近所のOma《オーマ》は、一度に何色もの毛糸を使って編み上げる場合、ひとつの紙袋に毛糸玉を入れ、その紙袋にそれぞれの毛糸を通す穴を開け、そこから糸を引っ張り出すという〝ワザ〟を駆使していました。

革の手入れ編

◆初対面の人は靴で品定めをする

ドイツ人は昔から、初対面の人を靴で品定めをするといわれています。それほど手入れの行き届いた上等の革靴は、Oma《オーマ》の時代から身だしなみには欠かせなかったのです。

○革靴

新しい革靴は、中を消毒用アルコールでサッと拭いてから履きます。ぴったりと足になじみます。

靴磨きの後の手は、消毒用アルコールで拭き、レモン汁で洗います。油くさいにおいも取れてさっぱりします。

雨や雪で湿った革のかばんは、靴クリームを少量の牛乳で溶かし、布につけて磨くとツヤが出ます。

○バックスキンのコート、靴&かばん

ふだんは、紙やすり（1000番以上の目が細かいもの）で軽く拭きます。汚れが目立つようなら、やわらかいブラシを軽くかけます。布かタオルにアンモニア水（5倍以上にうすめたもの）をつけ、ポンポンとたたくように拭きます。

いかがでしたか。

ドイツの過酷な自然と質素倹約の精神から生まれたOma《オーマ》（おばあちゃん）

のたくさんの知恵は、今も母から娘へと語り継がれていると聞きます。

ものを大切にすると、そこに愛着も生まれ、素晴らしいことだと思います。飽きっぽい日本人にとっては耳の痛い話もありますが、時には試してみてください。

「ケチ」ではなく、「節約」の精神なのですから。

4章

衣類が長持ちする習慣

1 ドイツ人は収納名人

◆「Ordnung《オルドヌング》（整理整頓）は人生の半分」

ドイツ人は、「身の回りがいつも整理整頓されていることが快適な暮らしの第一歩」と、信じていますし、自然に実践しています。

ドイツ人が好んで使う言葉にOrdnung《オルドヌング》（整理整頓）があります。

自分の周りがすべて整理整頓されていれば、掃除もカンタン、いつもきれいを保つことができる。どこに何があるかがわかるし、探し物に無駄な時間を費やすことも少なく、余分な心のイライラもなく穏やかに暮らせ、不必要なものも買わず、物も増えず、無駄なお金も使わなくてすむのです。

ドイツ人のオルドヌングな生活は、いつも落ち着いた暮らしをもたらし、安心した豊かな人生の象徴でもあります。まさしく、ドイツ人の言う「整理整頓は人生の半分」なのです。

ずいぶん昔のことながら、アパートの隣人のオーズラ夫人の部屋、友人のエリカの公団アパート、バーバラのアパート、そして隣人の一戸建ての暮らしぶり、すべてが「Ordnung《オルドヌング》」だったことを思い出します。

家の中には無駄なものが何もなく、すべてがそれぞれの生活には必需品。趣味のいいもの、高価なもの、ふだん使いのものなどが丁寧に手入れされて使い込まれていました。

◆衣類の数も種類も記憶しておく

興味半分で、それぞれのクローゼットを見せてもらったとき、なんとすべての衣類が整然と、すき間を残しながらお行儀よく吊ってありました!

しかも、彼女たちの頭の中にはすべての衣類の数も種類も入っているのです。当たり前のように「定量」「定番」が実践されていたのには、感動すら覚えてしまいました。いつも好みの衣類を定量だけ持ち、それらをどう組み合わせるかに知恵を絞るのです。

所有する衣類の数や種類がわかっていれば、手入れもしやすい。手入れが行き届けば衣類も長持ちするわけです。

古いものを大切にする暮らしこそ価値があるのです。

オーズラさんから学んだ収納の基本

○70％収納

たんすの中はいつも三割はあけておくこと。

風通しもよいので、モノも長持ちし、どこに何があるかが一目でわかり、選ぶとき時間がかからない。それに無駄なものを買わなくてすむし、手入れも行き届く。

彼女のクローゼットにかかっている衣類は、右に寄せれば、左がちょうど三分の一くらいあいていました。ハンガーに吊るすときは衣類と衣類の間を5センチくらいあけるのが彼女流。

◯清潔第一のドイツ人

ドイツ人にとって、ホコリを払ってきれいに洗濯し、アイロンのかかった衣類を身につけることは、新品のものを身につけるより大切な価値のあることのような気がします。

2 アイロンがけの達人になる

◆アイロンがけが好きなドイツ人

ドイツに住んでいたころ、やっと探し当てた街のクリーニング屋さんへ出かけました。

私の差し出した白いシャツとブラウスを見るなり、受付の中年女性が「これくらいなら家で手入れができますよ」と、平然と言ったのです！

あまりのドイツ人の正直さ、商売ベタ（？）に私は思わず絶句！

戻された洗濯物を仕方なくしぶしぶフラットまで持ち帰ったことがあります。

友人のエリカに話すと、「ドイツではほとんどのものは家で洗って、アイロンをかけるから」と言われました。

そう、昔から、ドイツでは〝アイロン上手〟は、主婦力のバロメーターにも

最近はアイロンがけが苦手な方が増え、かけなくてもすむような素材を選んだり、洗濯物を干すときの工夫をしたり、クリーニングに出してしまう人が増えていると聞きます。でも、自分でピンとかけたものは気持ちいいものです。横着がらずに、たまにはかけてみませんか。

なるとか。そういえば、エリカもどんなに忙しくてもアイロンがけだけは欠かさないと言います。

◆シーツから下着まで

ドイツ人はアイロンがけが大好き。

というより、きちんとアイロンをかけたものを身につけるのがエチケットみたいなところがあるのでしょうか。シーツや枕カバー、テーブルクロスやナプキン、Tシャツからブラウス、下着にまでこまめにアイロンをかけます。

それも日と時間を決め、まとめてアイロンをかけるのです。

私のフラットの窓から、一人暮らしの若い男性がいつも木曜日の夜、せっせとアイロンを動かしていたのが見えました。やがて不思議なことに、週に一度その光景を見ると、なんだかほのぼのとした気持ちになったものです。

ドイツ人にとって、手入れの行き届いた衣類を身につけることは、豊かな生活のシンボル。豊かな生活を維持するための衣類の手入れの〝アイロンがけ〟があるのです。

上手なアイロンのかけ方

○アイロンの賢い使い方

＊持つときは手首の力を抜きましょう。
＊ハンドルの後方を軽く握って、アイロンの重さを上手に利用します。
＊シャツのアイロンがけの場合、アイロンの先端はシャツの細かい部分を、後方はシャツの厚い部分を上から押さえるように使います。
＊シーツなどの広い布地にかけるときは、アイロン全体を使います。

○アイロン台にアルミ箔を敷く

裏から熱が放射され、熱効果大。アイロンをかける時間が短くなり、電気代の節約は家庭の省エネ対策にもなります。

木綿のシャツやリネン類など、厚みがある素材に高温が必要なときに効果があります。

○ハンカチはまとめて

薄手のものは何枚かまとめてアイロンをかけると、時間もエネルギーも短縮できます。

○シャツのかけ方

ワイシャツを手早く上手に仕上げるには、シャツをできるだけ動かさないこと。そして、アイロンをかける順序が大切です。

①袖、②カフス、③襟、④後ろ身頃、⑤前身頃、⑥前立て、の順。

アイロンをかける前に霧吹きの下準備も忘れずに。

まず、アイロンをかける前に、袖と身頃を両手でしっかりと引っ張ってから、かけ始めます。

○木綿のシーツやシャツ類

アイロンをかける前に、全体に霧吹きをしておきます。作業途中の霧吹きは、アイロンをかけた部分がまた湿ってしまうことに。

○手刺繍のついたテーブルクロスやナプキン

薄めたお酢で湿らせた薄手の布を当て、その上からアイロンを低温でかけます。当て布が乾くまでが、アイロン時間の目安です。刺繍の色が甦ります。

○アイロンがけが終わったあと

アイロンをかけた衣類はすぐにしまわないこと。カビやシミの原因に。熱が完全に冷めるまで置いておきます。

○**大判のシーツ**

昔から、ドイツ人女性は、今の動作はすべて次の動作につながっていると考えています。すべての家事動作も例外ではありません。

アイロンがけの終わった大判のシーツは、しまうとき、まず縦に折ってからたたみます。

こうしておくと、ベッドメイクがラクなのです。実に効率的。

ぜひ、試してみてください。

3 衣類のシミ抜き&手入れの達人になる

◆「新しいホウキはよくはけるが、古いほうが隅々まで知っている」

新しい服を何種類も持つより、気に入った上質のものを何度も手入れをしながら着こなす。これがドイツ人が考える豊かな暮らしなのです。

ドイツの諺に、「新しいホウキはよくはけるが、古いほうが隅々まで知っている」というのがあります。これには、ドイツ人がいかに古いものを大切にするかが表れています。

友人のリサもバーバラも、見るからに古そうで時代がかったハンドバッグやマフラーを「おばあちゃんからもらったもの」で、「いかに上等で大切にしている」かを〝自慢〟していました。

新しいものが、必ずしもいいものとは限らないのです。

◆自分でできる衣類のシミ抜き&手入れ

家をきれいに保つことと同じくらい大切なこと、それは衣類の管理と手入れです。衣類についた汚れ（シミ）は、ついたらすぐに取る、これが基本。

正しい方法を知っておくと、すぐ手当てができます。

衣類のシミ抜きの極意

○紅茶やコーヒーのシミ

テーブルクロスや白い衣服についた紅茶のシミは、すぐぬるま湯で洗い、次に冷水で洗いましょう。

乾いてから手当てをすると、厄介なシミになって取れにくくなります。

大きなテーブルクロスの場合、シミの下に洗面器を置き、ぬるま湯をシミの上から少しずつ注ぎます。

ぬるま湯に食器洗いの中性洗剤を一、二滴たらしても効果があります。

色が消えるまで何度かきれいな水ですすぎ、乾いたタオルで水分を取り、乾かします。シミの部分だけをぬらすので、クロス全部を洗う手間が省けます。

○赤ワインのシミ

赤ワインのシミは、できたら最後、大変!

だからといって、いくら合理的で清潔好きなドイツ人でも「大好きな赤ワインを飲むのをやめた」とは言いません。

ついたばかりのシミは、ぬるま湯で何回か洗うか、またはシミがまだ湿っているうちに一つまみの塩をこすりつけ、ぬるま湯ですすいでから、水で洗います。最後は、牛乳につけておきます。

○卵の黄身の汚れ

卵の黄身は、乾かしてから手入れをします。

乾いたシミを、小さなブラシで軽くたたくようにブラッシング。水で洗い、汚れを落としてから、ぬるま湯で仕上げ洗いをします。

○ヨーグルトのシミ

まず、ぬるま湯で洗います。

○チューインガム

氷を入れたポリ袋でチューインガムを冷やし固めます。またはチューインガムのついた布をポリ袋に入れ、冷凍庫で2時間くらい冷やします。すると、あら不思議、粉々になって布からはがれます。

○牛乳のシミ

すぐに冷水で洗います。

○にんじんのシミ

子供にも大人にも、ビタミン豊富なにんじんは常備食。特に子供服の首のまわりについたシミは悩みの種ですね。

にんじんの汁の成分には、食器洗い用の洗剤を使います。シミの部分を洗剤液に浸し、ブラシで軽くこすった後、きれいな水ですすぎ洗いをします。あくまでも、布を傷めないようにやさしく。

長く着るための衣類の手入れ

○シルクスカーフ

手洗い用の洗剤で手早く洗い、両手で広げながらバスタオルの上に置き、そのままくるくると巻いて水分を取ります。後は手でシワを伸ばしながら陰干しを。

または、まだ湿り気があるうちに、バスタオルにはさんだ上からアイロンを軽く当てていきます。アイロンの温度は低温で、時々浮かせてかけるのがコツ。

ちなみに、スカーフを洗うタイミングは、決めておくとラク。

私はシミがついてしまったり、五、六回使ったら洗うことにしています。

一年中活躍するので、こまめにシミを点検し、ハンガーにかけておきます。

○ストール＆マフラー１〈季節の終わり〉

使った後、ホコリを払い、ハンガーにかけて汗や体温の湿気を取ってからしまいます。

特にウールのストールやマフラーなどは、静電気を帯びてホコリや汚れを吸収しやすいので、使うたびにブラシや手でしっかりとホコリを払っておくこと。ブラッシングは、必ず毛並みに沿って力を入れないで軽く。

○ストール＆マフラー２〈シーズン中〉

やわらかい絹などの素材のものはハンガーにかけておきます。

大判のスカーフやストールなどは三角形に折って、ハンガーの上から肩にかけているような形でかけます。

○ウールのセーター

ウールのセーターは、直接肌にふれることが多いので、シャンプーで洗います。

気に入ったものは、手入れをしっかりして長く使うことをモットーにしています。写真のスカーフも、20年ぐらい使用しています。他にも年代物（？）のスカーフがたくさんありますが、中にはプレゼントにいただいた想い出深い品物もあり、懐かしく思い出すなんていうこともあります。

○ラメ入りのセーター

ラメ入りのセーターは寒いときの夜の外出に華やかさを増し、しかも暖かくて重宝します。ラメは、光や湿気で色が変化します。シーズンが終わったら、点検し、手入れをして、たんすにしまいます。

手入れ方法は、ぬるま湯にシャンプーを数滴たらした中で軽く押し洗いを。そして、バスタオルの上で形を整えながら水分を取り、陰干しします。

衣類のにおいも手入れ次第

○洋服の手入れ&におい

外出から帰宅したら必ず、背広やブレザーにはブラッシングをします。すぐにクローゼットにしまわず、洋服についた汗や体温を乾かしてからしまいます。

○洋服のにおい

お湯を落とした後のバスルームに吊るしておきます。少しのシワならこれだけで取れるので一石二鳥。

○クローゼットのにおい

意外ににおいがこもりやすいのがクローゼット。クローゼット内に嫌なにおいが染みついていると、洗い立ての衣類や洋服にもにおいが移ってしまいます。以下の点に気をつけましょう。

＊風通しをよくし、換気を充分にするように心がけます。
＊ぬるま湯に一、二滴のお酢とレモンの汁をたらし、その中で固く絞った布でクローゼットを隅々まで拭きます。後は風を充分に通し、乾かしてから衣類をしまいます。
＊ラベンダーやバラの香り入りの小袋を吊るしておきます。
＊衣類の間にはお気に入りの香りの化粧石けんを入れておきます。

＊カビはにおいのもとです。洗濯物や外出の後の衣服は充分に乾かしてからしまうようにしましょう。

5章

キレイ自慢の家にする

1 いつもキレイのための「お掃除カレンダー」

◆限られた時間で手際よく

どんなときもキレイな暮らしは理想です。

でも、掃除以外にすることは山ほどあるのも事実。カンタンにいつもキレイをキープする方法は、どうしたらいいのでしょうか。

私のところにも毎日たくさんのメールやお便りが来ます。お答えは簡単ではありませんが、ただひとつ、ドイツ人のように暮らしがいつもOrdnung《オルドヌング》（整理整頓）されているように心がけること。

ドイツでも、整理整頓された部屋をいつもキレイにしなくてはと必死でがんばっている人のことをPutzteufel《プッツトイフエル》（掃除魔）といって嫌います。掃除のための掃除は、身も心も疲れ、豊かな暮らしとは程遠いからです。さすがのドイツ人も、〝掃除魔〟の磨いた家がどれだけピカピカでもうらやましいとは思いません。

一日の限られた時間は、家を片付けたり磨いたりするためのものではないのです。本を読んだり、お茶を飲んだり、テニスに出かけたり、そしてホームパーティで人を招いたり招かれたりなど。もちろん、仕事もあります。

ドイツの女性たちは、毎日の時間のやりくり上手です。てきぱきと手早く家事をこなし、いかに部屋をキレイに見せるかに知恵と時間を使っています。

◆私の好きな掃除道具

ドイツの友人たちは掃除を始めるとき、バケツやかごに入った掃除セットをまず取り出します。掃除道具は、身近にあってすぐ取り出せ、カンタンでシンプル。扱いやすいものが一番。

私の特別な掃除道具をご紹介すると……。

○レールブラシ

タイルの目地やレールや引き出しの中まで使えて便利。

○薄手のタオル

どんな場所も形を変えて使えるので重宝します。そのままの大きさで使ったり、二分の一にカットしたり、掃除する場所に合わせて使います。

○ガムテープ

じゅうたんやソファにたまった綿ボコリや毛が取れます。

○菜箸

菜箸にタオルを巻きつけたり、菜箸でつまんで拭けば、レンジ台周りなどの熱を帯びた場所もカンタンに拭けます。

○中性洗剤&クレンザー

私はキッチンだけでなく他のほとんどの場所も、この二つで済ませています。

○化学バタキ

一本あると便利です。静電気でホコリが簡単に取れます。手入れも簡単、汚れたら水洗いするだけでＯＫです。

○軍手(綿100%)

ゴム手袋の上にはめ、指先で細かい場所の汚れやホコリを拭き取ります。

◆ポイント掃除の勧め

いつも部屋をキレイに保つためには、客観的目線も大切。

ドイツ人は、人を家に呼ぶことが多いので、来客がある場合、どこをキレイにするかをいつも考えています。これこそ上手な掃除のポイントなのです。

どことどこをキレイにしておけば、誰が見ても家がキレイに見えるかを知ることも大切です。

○いつもキレイを心がけたい場所

＊玄関のドアや手アカ
＊リビングのソファから見た壁、家具のホコリ
＊置物やランプのホコリ
＊床、テーブルの上
＊トイレの便器、洗面台と蛇口、手拭きタオル
＊キッチンの調理台と流し台

◆私の家事スケジュール

ドイツ人は、それぞれのライフスタイルに合わせた家事スケジュールを持っています。毎日の動作の中に組み込んでしまえば、知らず知らずのうちに身体

が覚えてしまいます。

その日の気分によってする家事は、いつまで経っても上達しないし、家も片付かない上にキレイにならないのです。

毎日すること

ドイツでは〝汚れる前の掃除〟を学びました。つまり、汚れをためないことがいつもカンタンに部屋をキレイにできる〝スーパーテク〟なのです。

汚れきってからの掃除は、時間がかかり、身体も心も疲れてしまいます。ハードな汚れに向き合う掃除は、気分がとても暗くなります。軽い汚れを取る掃除なら、時間もかからず身体も疲れませんので、明るい気分で何よりも楽しくできます。

うっかりすると、テーブルや家具の上にうっすら溜まってしまうのがホコリです。普段は、化学バタキではたくことをお勧めします。簡単に取れますし、化学バタキは水洗いするだけでクリーンに保てますので、手入れもラクです。

1カ月に一度、ワックスがけをすると、ホコリや汚れがつきにくくなります。そして月に2度程度、ぬれたモップやタオルで拭き掃除、普段は掃除機をかけます。一度に広いスペースをすると身も心も疲れてしまうので、時間とスペースを決めて少しずつが基本です。木の床は何かをこぼしてもサッと拭け、においも残らず清潔です。

○朝起きたら必ず窓を開けて部屋の換気をします。

寒い日も暑い日も部屋の空気を入れ替えます。キレイな部屋の空気は、汚れにくくなるからです。雨や雪の日、寒い日などは短時間、天気のよい暖かい日には1〜2時間など時間を決めています。

○ベッド周りを整えます

朝起きて、ベッドを離れる前に整える習慣をつければカンタンです。

○一カ所だけ掃除機をかけて床のホコリを取ります

リビング、キッチン、寝室……と、毎日違うところを一カ所ずつ。

○一日5分掃除

〝一日5分掃除〟を決めて実行。曜日ごとに場所別順繰り掃除。

○キッチンは使ったら必ず拭きます

レンジ台周り、流しのシンク、調理器具。レンジ台周りは使ってすぐなら余熱があって拭くだけでキレイになります。シンクも、使い終わったら水滴を取ります。

○バスルームの掃除

お湯を落とした後、タオルでバスタブの内外を拭きます。

○トイレ

使うたびにトイレブラシで便器を磨いておきます。

○洗濯

前日着たものを洗濯機で洗いますが、朝食を準備している間を利用。時によって一日おきのことも。

高価と思われがちなカサブランカですが、水やりさえ毎日きちんとすれば、とても長持ちするので割高感はありません。一本だけでも豪華で、とても香りもいいので、我が家には欠かせない花となりました。

雨上がりはガラスの表面の汚れが水分を含んで緩んでいますので、作業がラク。体力をほとんど使わないでキレイになるのです。内側の窓ガラスは縦に、外側は横に拭きます。逆でもOKですが、内側と外側で拭く方向を変えること。どちら側に拭き残しがあるかがよくわかります。

○生け花の花びんの水を取り替えます

私は香りのいいカサブランカの花が大好きです。毎朝水を取り替えるだけで、花は長持ちします。

毎週すること

私は、仕事を持っていますので、できる日を見つけて週に三日くらい30分以内と決めています。その日にできなければ、他の日に回すこともあります。ドイツ人のように、曜日を決めておけば、家事に計画性が生まれます。

たとえば……

○月曜日

窓ガラス磨き

雨上がりや曇りの日が最適ですが、私は月曜日の早朝と決めています。

見た目がキレイでもガラスの表面にはホコリがついています。

窓ガラスのように体力がいる場所は、「汚れる前の掃除」がいちばん（P127参照）。

○金曜日

キッチン

朝、シンクの下や食器棚の扉を開けて風を通します。

戸棚の外側の手アカを拭きます。ふだんから中のものを出し入れするたびに、床や内側をサッと拭いておきます。

冷蔵庫の内外を拭きながら、中身をチェック。週末の食料品購入予定をメモ。

夜、換気扇の外側を拭きます。

○土曜日

洗面台

朝、蛇口周り、ボウルの中と周りを念入りに拭きます。鏡もチェック。

バスルーム

夜、入浴時を利用し、壁や天井をタオルで拭きます。床から10センチ、天井から10センチは水滴が残りやすく、カビが発生しやすいのでまず優先的に拭きます。蛇口周りやシャワー口も拭きます。タイルの目地を磨きます（シャワーのある場所を中心に）。

押入れやクローゼットの掃除

扉を開けて風を通し、掃除機をかけます。

いかがでしょう。あなたに合った曜日ごとのスケジュールを考えてみてください。

毎月すること

一カ月に一度の手入れで、充分キレイを保てるところもいろいろあります。

○カーペットの洗剤拭き

我が家には部屋で飼っている老犬ドンキーがいるので床が汚れます。汚れはにおいのもとになりますので、犬も人間も健康的に過ごすために部分カーペットの掃除は必要です。

○その他

＊床のワックスがけ。

＊照明器具のホコリ払いと拭き掃除。我が家は、ランプが多いので一度に拭き掃除をします。

＊天井と壁のホコリ払い。ついでに壁にかかっている額のホコリ払いも。

＊カーテンやロマンシェードのホコリ払い。

＊家具のホコリ払いと磨き掃除。

＊換気扇の中と網の掃除。

＊ドアノブの手アカ落とし。
＊玄関のドアを拭く。
＊植木鉢の手入れ。
＊そのほか汚れが目立つ箇所。

半年に一度すること

季節の変わり目にする家事です。

＊家中のカーテンを洗う。
＊家具の後ろのホコリを払う。
＊衣類の整理。

2 水回りは、カビ&におい退治で快適空間に変身！

◆水回りがいつもキレイなわけ

ドイツでは、家中はもちろん、特にキッチンやバスルーム（トイレが一緒）などの水回りがピカピカに輝いていることが何よりも大切なことです。ドイツ人の願う豊かな暮らしには、清潔でキレイなキッチンやバスルームが主役。

水回りの掃除は、汚れがひどくならないうちに、いつでも何かのついでにサッと拭くことがポイントです。ドイツの主婦は、道具をそろえるなどの準備をし、いかに手早く計画的に掃除をするかを考え習慣にしています。

私は洗面所の鏡をいつもピカピカにしておくために、ホテルのようにハンドタオルを小さなかごに入れて置いています。私自身はもちろん、家族も我が家

水アカ、湯アカ、石けんカスが洗面台の汚れの原因です。頑固な汚れを防ぐには、日頃の「ながら掃除」が功を奏します。手を洗い終わったら、常備した小さめのタオルでボウル内も外も水滴をぬぐいます。これだけで汚れがつきにくくなります。

銅製のドアノブは、普段はアルプスカモシカや羊の革の手袋で拭き、汚れが気になったらアンモニア水をつけたウールの布で拭きます。普通の金属製のドアノブは、手アカを乾いたタオルで拭きます。

のゲストも、自分の手を拭いたタオルで自分の飛ばした水滴を拭くのです。

洗面所は、使うたびに鏡が水滴で汚れます。そのつど主婦が、〝掃除魔〟のように水滴を拭き続けるなんてことは不可能です。神経が参ってしまいます。だから、ドイツ人のように「人の手を上手に借りる」のです。

◆においのしないバス&トイレ

ドイツのどこのお宅に伺っても水回りは無臭。

バスルームとトイレは同じ場所がほとんどなのですが、ピカピカに磨き込まれているのでまるでリビングのような空間です。キレイな水回りはにおいがしません。汚さない工夫と汚れたらすぐキレイにする。我が家は、この習慣のおかげで、ドイツのお宅のようにトイレの消臭剤は使いません。

におい退治作戦

○一日一回

必ず備え付けの柄付きブラシで便器の内側を磨きます

○一週間に一度

週に一度は中性洗剤で、便器と床、壁そして照明器具の拭き掃除をします。

我が家は、便器のカバーもマットもにおいや汚れのもとになるのでつけていません。それに、余分なものがあると洗う手間もいるからです。

ドイツ人のように掃除を徹底し、においのないバスルームやトイレにこだわっていますので、突然のゲストにも慌てずにすみます。

◆キレイなバスルームは心も身体もホッとする

キュッキュッと音がするほどキレイなバスタブに浸かって手足を伸ばすと、

疲れもどこかへ行ってしまうほど。私のバスタイムは、心も身体も幸せなひと時です。

そのためにも、入浴後のちょっとひと手間で、いつもキレイを保っています。

○入浴後すぐに

使い終わったら、バスルームが湯気で温かいうちに、バスタブの中をボディーシャンプーを含ませたタオルかスポンジで拭きます。

床と壁はサッとシャワーをかけておきます。これだけでも水アカや湯アカ、カビ防止に役立ちます。

○一週間に一回

週に一回、タイルの目地を目地ブラシで磨きます。見た目がキレイでも見えない汚れがあります。

道具はいつでも掃除ができるよう、インテリアもかねて小さな陶器のクマさんの入れ物にまとめて入れています。

ドイツの友人からのプレゼントの陶器のクマさんの入れ物を風呂の掃除グッズ入れに使っています。中には、目地ブラシや足の裏用ブラシも。

◆カビのお話

ドイツは日本と違って湿気が少ないので、住まいの悩みにカビが登場することはあまりありません。でも、長い間留守にして部屋の換気や掃除を怠ると「カビ臭いにおい」はします。においに敏感なドイツ人のことですから、留守の場合でも風が通る換気口を開けたり、家具にホコリなどがたまらないように大きなシーツのようなカバーをかけたりします。

カビ退治作戦

○カビの発生原因

①温度が15度くらいから20度、②湿度が60％以上、③ホコリなどの養分、以上の三つがカビ発生の大きな原因です。

○カビを防ぐには

湿気と汚れを住まいからなくすことに尽きます。湿気は頻繁に窓を開けたり、換気扇を回したりして取ります。

汚れはホコリを払ったり、拭いたりすることで解決します。

○ホコリと汚れをためない

ホコリや汚れは、カビの養分になります。

ドイツに住んでいたころ、トイレの窓を換気のため少しだけ開け放していたのですが、窓の周りの白い壁の周りにうっすらと黒カビがついて驚いたことがあります。何日も雨が降り続いたこと、ホコリを放置したことなど、先に挙げた温度と湿度とホコリの三つの発生条件が重なったからでしょう。

さっそく、ハタキでホコリだけを払うように気をつけたら、すっかり、〝カビは去りぬ!〟でした。

○日本の梅雨時には、除湿機能をフル回転させる

エアコンのドライ機能や除湿機を利用します。特に洗濯物を部屋の中で干す場合、部屋の換気には充分気をつけます。

○通風を頻繁にする

晴れた日は、掃除と換気を兼ねて、下駄箱、食器棚、流しの下、クローゼットなどの扉を2時間くらい開けて風を通します。

○冬の「結露」は、換気をまめに

冬は結露によるカビも気になります。防ぐには換気をよくし、水滴をこまめに拭きます。

○カビの取り方

乾かしてから取ります。壁や床、畳などのリビング周りのカビは、水拭きをするとシミになります。まず、カビをよく乾燥させてから、ハタキで払うよう

ランプの下で書きものをするとなぜか心がホッとする、私の〝お気に入りコーナー〟。

にして取ります。後は、消毒用アルコールで軽くたたくようにします。決してこすらないこと。

○水回りのカビはシャワーで

バスルームのカビは、まず、熱くしたシャワーの水圧を高くしてかければ、ほとんどのカビは取れます。それでも取れないガンコなカビは、液体クレンザーをスポンジにつけて磨きます。

○タイルの目地

タイルの目地に入り込んだカビは、レールブラシに薄手のタオルを巻いてクレンザーをつけて磨きます。タオルがクレンザーや洗剤の泡しぶきを吸い取ってくれますので、目の中に入ったり、周りが汚れたりすることがありません。

○ガンコで古いカビ

目地にしみ込んでしまったカビは、カビ取り剤を使います。

①洗剤は混ぜない、②窓を開けたり換気扇を回すなど換気を充分にし、③ゴム手袋をはめること、などを必ず守りましょう。

いかがでしたか。これで「ドイツ流上手な暮らし」があなたのものになることをお祈りして。

（エピローグ）

私は、いつも上手な家事を心がけたいと思っています。

それは、家事にかける時間と労力をできるだけ少なくしたいからです。

私にとって家事も仕事も大切ですが、家事以外の自分の時間も同じくらい貴重なのです。家事を手早く済ませ、余った時間で、モーツァルトを聴きながら好きなアガサ・クリスティの世界に遊んだり、編みかけのセーターを再開したり、見逃した話題の映画のＤＶＤを観たり。このように、家事も仕事も自分の暮らしも充実させることは、私にはとても快適で充実した日々の実現なのです。

ドイツで学んだ上手な家事のコツの数々は、私の毎日の暮らしの中に心豊かな充実した世界を取り戻してくれました。

上手な家事のコツの基本は、家事に「計画性を持つ」、「その場ですぐ解決する」ことです。

たとえば掃除は、場所別に週に一回、月一回と計画を立て、汚れに気づいたり汚れたら「その場ですぐ」きれいにしてしまいます。

私の場合、掃除は料理に比べるとあまり好きではありません。でも、きれいな部屋は、見るのも住むのも大好きです。だから、汚れがたまってお掃除が大変にならないよう、「汚れたらすぐ取る」、「汚れる前の掃除」を心がけているのです。

ドイツ人にも家事・掃除が嫌いな人もいます。でも、好き嫌いにかかわらず、上手な家事の習慣を持っています。その魅力ある知恵の数々は目を見張るものがあり、それらを身につけることによって毎日の家事が信じられないくらい魅力的に変身します。

ドイツの友人の一人は、出かける前の10分クイック掃除を習慣にしています。いつもお掃除が行き届いたきれいな部屋で過ごす快適な暮らしは彼女の人生に欠かすことができないから、というのです。

それに。ドイツ人の家事には、いかにきれいに上手に見せるかのコツがあります。

窓、ドアの取っ手などの金具、そしてグラスやステンレス製品などの〝光りもの〟をピカピカに磨く。このように家全体をすっきり見せることがとても上手なのです。

昔からドイツ人にとって家事は、「好き嫌いは別にして、毎日やらなくてはいけないこと」なのです。家事上手の習慣を身につけて、家の中をいつも整理整頓し、隅々まで掃除が行き渡っているように見せることが大切なのです。

もちろん、どんなお宅でも瞬間的に汚れることも、物が散らかることもあるでしょう。でも、計画的に効率よく手早く家事ができる〝ワザ〟を身につけ、それを〝習慣〟にしてしまえば、すべてが無理なくラクに片付いていつも快適な暮らしが手に入るのです。

私は多くのドイツの友人たちから上手な家事の知恵の数々を学びま

した。そして、それらは今、私の毎日の生活の中で、日本の暮らしの知恵の数々と心地よいハーモニーを奏でています。

多くの皆様に読んでいただいている二冊の既刊、『ドイツ流掃除の賢人』、『ドイツ流　美しいキッチンの常識』に続き、今回の本のために根気よくお付き合いくださった光文社の吉田るみさん、わがスタッフたち、そしてドイツの友人たちにも心より感謝を。

2006年5月

沖幸子

写真　半田広徳
本文デザイン　藤田知子
スタイリング　沖　幸子

知恵の森文庫

ドイツ流《りゅう》 暮《く》らし上手《じょうず》になる習慣《しゅうかん》 世界一無駄のない国に学ぶ

沖《おき》 幸子《さちこ》

2006年5月15日 初版1刷発行

発行者―古谷俊勝
印刷所―萩原印刷
製本所―ナショナル製本
発行所―株式会社光文社
〒112-8011 東京都文京区音羽1-16-6
電話 編集部(03)5395-8282
販売部(03)5395-8114
業務部(03)5395-8125

ISBN4-334-78423-2 Printed in Japan

お願い

この本をお読みになって、どんな感想をもたれましたか。「読後の感想」を編集部あてに、お送りください。また最近では、どんな本をお読みになりましたか。これから、どういう本をご希望ですか。
どの本にも誤植がないようにつとめておりますが、もしお気づきの点がございましたら、お教えください。ご職業、ご年齢などもお書きそえいただければ幸いです。当社の規定により本来の目的以外に使用せず、大切に扱わせていただきます。

東京都文京区音羽一・一六・六
（〒112-8011）
光文社〈知恵の森文庫〉編集部
e-mail:chie@kobunsha.com